Carl Moritz Kneisel

Schriften

1814-1837

herausgegeben von Norbert Flörken

Zur Textgestaltung:

Rechtschreibung und Zeichensetzung sind beibehalten worden, gegebenenfalls sind Namen in der modernen Schreibweise hinzugefügt worden. Die Punkte hinter den einfachen Zahlen, z.B. den Jahreszahlen, sind weggelassen worden. Der Text der Vorlage und die historischen Anmerkungen stehen in dieser Serifenschrift, Zusätze und Ergänzungen des Bearbeiters in dieser serifenlosen Schrift. Die Klammern der Vorlage ( ) sind durch { } oder – – ersetzt worden. Streichungen des Herausgebers stehen in ( ), Ergänzungen in [ ]. Beim Seitenwechsel wurde die anfallende Trennung aufgehoben. Die häufigen Sperrungen bei Eigennamen oder Ortsnamen wurden nicht übernommen. Die Angaben zu Personen, Orten oder Sachen sind dem Portal Wikipedia entnommen.

Impressum
Bibliographische Information der Deutschen Nationalbibliothek:
Die Deutsche Nationalbibliothek verzeichnet diese Publikation in der Deutschen Nationalbibliographie, detaillierte bibliographische Daten sind im Internet über http://dnb.dnb.de abrufbar.
© Norbert Flörken
Herstellung und Verlag:
BoD – Books on Demand, Norderstedt
ISBN 9783752898545

9 783752 898545

Inhalt

1814 Jan 15 »Der Tag der Freiheit«[1]

den 15. Jenner 1814.

Ergo omni longo solvit se civitas Teucria [luctu][2].
Vergilius.

O schöner Tag, den jeder Bönner
aus vollem Herzen selig preist,
und der die spottenden Verkenner
des deutschen Ruhmes Schweigen heißt,
nach neunzehn bang durchlebten Jahren,
wo wir, zu unserem Mißgeschick,
den Franken unterthänig waren,
bringst du die Freyheit uns zurück.
Die Freiheit, jede Himmelstochter,
die einzig durch Gesetze reift,
und die dem Haufen Unterjochter
der Fesseln Lastgewicht entstreift;
sie, die der Völker Wohlfahrt gründet
und durch der Pflichten heil'ges Band
den Menschen an die Tugend bindet,

---

[1] Bonn, gedruckt bei P. Neusser, Nro 41. Beilage zum Bönnischen Wochen-Blatt, # 108, vom 06.02.1814.
[2] Vergil, Aen. II,26: „Und ganz Teukrien sagt sich los von der langen Betrübnis."

den Bürger an das Vaterland.

Gestillt ist unser Glutverlangen!
Und alles athmet Himmels-Lust;
die Freude röthet alle Wangen:
die Freyheit schwellet jede Brust.
Gestürzt sind ja die schweren Rechte,
die unsern Handel eingeengt;
vertrieben die gedungnen Knechte,
die man uns schimpflich aufgedrängt.
Die Bürger gehn auf allen Wegen
mit herzbegeisterndem Geschrey
den Rettern ihres Land's entgegen,
und rufen: »Wir sind wieder frey!«
Wer mischt nicht in diese Wonnefülle
auch seinen lauten Jubel ein?
Und wer(d) wird nicht in frommer Stille
aus seinen Dank der Vorsicht weihn?
Der Knabe kann im Lenzgefilde
den Keim des künft'gen Glückes sä'n,
der Jüngling sieht die Traumgebilde
der Kindheit in Erfüllung gehn;
der Mann erneuert, kraftgestählet,
den unterbrochenen Thatenlauf,
der Greis, von neuem Muth beseelet,
lebt in dem Glück der Enkel auf.
Die Jungfrau liebt jetzt keusch und edel;

kein luft'ger Modeschmetterling,

mit vollem Beutel, leerem Schädel,

der sie oft schändlich hintergehen,

dass Liebe heuchelnd sie bethören;

sie will mit deutschem Biedersinn

dem deutschen Jüngling angehören,

ihm giebt sie Herz und Hand nur hin.

Der Bürger Herz pocht nun geschwinder,

weil sie das Trostgefühl ergötzt:

»Wir sind nicht Frankreich Findelkinder,

Nein, Deutschlands freie Söhne jetzt!«

Der Franke folgt den Zwangsbefehlen

Und kennt die freye Tugend nicht;

der wahre Deutsche kann nicht fehlen,

sein Wahlspruch ist: »Gesetz ist Pflicht!«

Die Huld der hohen Bundesmächte

setzt heut die alte Freiheit ein,

drum, Bönner, sucht mit vollem Rechte

des deutschen Namens werth zu seyn,

bald, lange kann es nicht mehr währen,

stellt sich der Tag des Friedens ein;

dann wollen wir an den Altären

des Dankes unseren Weihrauch streu'n.

M. C. K-

1829 C. M. Kneisel: „Festgesang..."[3]

Festgesang | zur | Bewillkommnung | SEINER KÖNIG-LICHEN HOHEIT | UNSERS ALLGELIEBTEN KRONPRIN-ZEN[4] | in Bonn's Mauern, | gesungen | von der städtischen Jugend | beim Empfange | des heißersehnten, hohen Gastes. | verfaßt von C. M. Kneisel, | Gymnasiallehrer.

Begrüßt im Jubelton
Des theursten Königs Sohn,
Des Reiches Lust!
Laut, gleich des Donners Klang,
Tön' ihm zum Festempfang
Des Volkes Hochgesang
Aus vollster Brust.

Wie laut das Herz auch spricht,
Der Mund kann würdig nicht
Sein Lob erhöh'n.
Längst that der Muse Mund
Dem weiten Erdenrund

---

[3] Fundstelle: ULB Bonn; urn:nbn:de:hbz:5:1-70001.
[4] Der spätere https://www.wikiwand.com/de/Friedrich_Wilhelm_IV.

Des Helden Thaten kund,
Die nie verweh'n.

Er, der mit Muth und Kraft
Für Mit- und Nachwelt schafft
Durch That und Wort,
Lebt, groß durch eigen Werth,
Von Freund und Feind geehrt,
Durch Sieg und Ruhm verklärt,
Unsterblich fort.

Wie rings, vom Rhein zum Meer,
Vereint mit Volk und Heer
Zum Feyerchor,
Schwingt auch der Bonner Fleh'n
Sich zu des Himmels Höh'n
Um Glück und Wohlergeh'n
Für Ihn empor.

Der reinsten Liebe Zoll
Werd' Ihm, stets warm und voll,
Als Preis zu Theil!
Aus freud'gem Herzensdrang
Schall' Ihm mit Jubelklang
Ein donnernd: „Lebe lang
Zu Preußen's Heil!"

1837 C. M. Kneisel: „Fest-Lieder zur halbhundertjährigen Jubelfeier der Lese- und Erholungs-Gesellschaft in Bonn"[5]

Fest-Lieder | zur | halbhundertjährigen Jubelfeier | der | Lese- und Erholungs-Gesellschaft | in | Bonn. Von | C. M. Kneisel, | Secretär der Gesellschaft.

I.

Melodie: Im Kreise froher, kluger Zecher u.s.w.

Erhebet heut durch Klang und Lieder
Und hier in ihrem Heiligthum,
Als ihres Reiches treue Glieder,
Der Göttin Eintracht Preis und Ruhm,
Und pflanzet ihn durch That und Wort
Bis auf die fernsten Enkel fort!

Sie herrscht im weiten Schöpfungskreise
Dort lenket sie am Himmelszelt
Der Sterne Tanz in ew'gem Gleise,

---

[5] Fundstelle: ULB Bonn; urn:nbn:de:hbz:5:1-69055.

9

Und einigt Geist- und Körper-Welt ;
Hier knüpfet sie mit sichrer Hand
Der Völker und Familien Band.

Das Kleine reift in ihrem Schosse
Und kräftigt sich zum Meisterstück;
Doch ohne sie zerfällt das Grosse
Oft spurlos in sein Nichts zurück :
Was je der Menschheit Glück gemacht,
Ward unter ihrem Schild vollbracht.

Das Werk der Bösen selbst erhielte,
Wenn es, gepflegt von ihrer Hand,
Sich je dem Recht befreundet fühlte,
Durch sie allein vielleicht Bestand:
Doch nimmer noch, trotz Macht und Gold,
War sie dem Wahn und Laster hold.

Aus schwachem Keime spross und blühte
Durch sie auch unser Bund hervor,
Und wuchs an Umfang, Kraft und Güte
Zum schattenreichen Baum empor,
An dessen Früchten, wie wir jetzt,
Sich einst die Nachwelt noch ergötzt.

Hier lodert zu der Göttin Preise

Noch stets ein fester Opferherd;
Dank Jedem, der in unserm Kreise
Die heil'ge Glut als Priester nährt,
Und nach der Ahnen Sinn und Art
Sie treu den Erben aufbewahrt.

Drum singt ihr Preis in vollen Chören,
Erschöpft sich gleich ihr Loblied nie;
Doch, um recht würdig sie zu ehren.
Bewahrt und übt und fördert sie!
So lang sie unsern Bund umflicht,
Droht ihm Gefahr und Trennung nicht.

So schwört denn Alle jetzt aufs neue
Zum Schluss, verschlungen Hand in Hand
Der Göttin Eintracht Pflicht und Treue,
Die uns zu gleichem Zweck verband:
Sie bleibe, wie von Anbeginn
Bis jetzt, stets unsre Schützerin!

II.
Melodie: Bekränzt mit Laub u.s.w.

Mit freud'gem Hochgefühl sei unserm Bunde
In Lieb' und Freude heut,
Am Stiftungsfest, aus vollem Herz und Munde

Ein jubelnd Hoch geweiht!

Mit Ehren währt er jetzt schon fünfzig Jahre
In Kraft und Eintracht fort;
Und stets noch war das Gute, Schöne, Wahre
Sein Ziel und Losungswort.

Er zeigt uns auf der grossen Weltenbühne
Des Lebens Marktgewühl,
Des Rechtes Sieg und Lohn, des Frevels Sühne,
Des Schicksals Wechselspiel.

Er beut zu Zeitvertreib und Sinnesläut'rung
Uns Frohsinn, Ernst und Scherz,
Und spendet durch Belehrung und Erheit'rung
Genuss für Geist und Herz.

Er opfert gern der Musen heiterm Dienste,
Pflegt Saitenspiel und Tanz,
Verehrt die Kunst und widmet dem Verdienste
Mit Dank den Feierkranz.

Der Zwietracht und der Langeweile Hyder
Blieb stets aus ihm verbannt;
Und immer schlang sich noch um seine Glieder
Der Eintracht goldnes Band.

So stehn auch wir denn heut, im Geist der Väter,
Vereint von fern und nah,
Als dreier Lebensalter Stellvertreter
Am Jubelgrenzstein da:

Der **Vorzeit**, die mit Eifer, Muth und Stärke
Den Bund in Flor gebracht..
Und uns, zu Lust und Sporn, mit ihrem Werke
Ihr Beispiel übermacht;

Der **Mitwelt**, die noch stets sich des Bestandes
Und Ruhms der Stiftung freut,
Und heut ihr für die Erbschaft dieses Pfandes
Den Zoll des Dankes weiht;

Der **Nachwelt**, die, bei treuer Huf und Pflege,
Recht lang und ungestört
Sich am Genuss des Schatzes weiden möge,
Der sich als echt bewährt.

Beseelt nur stets Gemeinsinn, thät'ger Wille
Und Eintracht unsern Bund,
Dann steht er, gross und stark, in eigner Fülle,
Fest wie auf Felsengrund;

Und dient, geschirmt vor Spaltung, Stolz und Neide,
Mit immer hellerm Ruhm,
Stets fort und fort der Bildung, Kunst und Freude
Zum Lieblingsheiligthum.

III.

Melodie: Es kann ja nicht immer so bleiben u.s.w.

Vereint Euch am Festtag der Stiftung
Der heute zum fünfzigsten Mal
Mit steigendem Glanz sich erneuet,
In Eintracht zum fröhlichen Mahl!

Wohl ziemt es sich, dass wir uns heute
Der Stiftung der Ahnen erfreun:
Sie streuten den Samen; wir ernten
Die Frucht ihrer Wirksamkeit ein.

Mit Recht hat die Weisheit der Stifter,
Von Eifer zum Guten beseelt,
Das Wohnzelt der emsigen Biene
Zum Sinnbild des Bundes gewählt.

Sie schlürfet den Nektar der Blüthen
Und sammelt als Honig ihn ein,
Nicht bloss, um sich selber zu nähren

Auch Andern Genuss zu verleihn. –

Und treu dem erkorenen Vorbild
Verfolgten sie rastlos die Bahn,
Und rangen mit reichem Erfolge
Stets weiter zum Ziele hinan.

Ihr Werk, das, trotz Schicksal und Stürmen
Ein halbes Jahrhundert gewährt,
Hat stets sich mit rühmlichem Fortschritt
Als gut und gediegen bewährt;

Es wird auch in Zukunft als solches
Stets weiter und schöner gedeihn,
Und lang noch, bei gleichem Bestreben,
Ein Sitz der Geselligkeit sein.

Drum bleibe der Stifter Gedächtniss
Dem Bunde stets theuer und werth,
Und werde mit schuldigem Rechte
Stets dankbar, wie heute, verehrt.

Auch Aller, die einst uns gehörig,
Des Schicksales feindliche Macht
Durch Tod und Entfernung uns raubte,
Sei heute mit Wehmuth gedacht !

Ihr aber, die heut noch sein Festtag

Als Glieder in Eintracht verband,

Erhebt Euch und leeret zum Schlusse

Ein Glas auf des Bundes Bestand!

Es lebe der Bund! Ihm ertöne

Zum Preis ein laut donnerndes Hoch!

Er blühe stets mehr und erfreue

Die späteste Enkelwelt noch!

1837 C. M. Kneisel: »Geschichte der Lese- und Erholungs-Gesellschaft in Bonn«[6]

Eine Gesellschaft, die bereits ein halbes Jahrhundert fortbesteht, einen dreifachen Wechsel der Landesherrschaft erlebte und sich trotz aller Stürme der Zeit dem ursprünglichen Zwecke ihrer Stiftung nicht nur treu erhielt, sondern denselben mehr und mehr und mit dem glücklichsten Erfolg erweiterte und vervollkommnete, — eine solche Gesellschaft hat schon eine eigene Geschichte, wenigstens Chronik, die sich durch mündliche Ueberlieferung allein nicht mehr gehörig fortzupflanzen vermag. Von den Stiftern unserer Gesellschaft lebt nur noch Einer, und die Mitglieder, deren Eintritt bald nach der Begründung der Gesellschaft erfolgt ist, hat uns bis auf Wenige der Tod oder Wechsel des Wohnorts entzogen.

Wir versuchen daher dem Wunsche zu entsprechen, dass bei der gegenwärtigen halbhundertjährigen Jubelfeier eine Geschichte der Gesellschaft in ihren Hauptmomenten, gedrängt und in chronologischer Ordnung aus den Protokollen und sonstigen Aktenstücken des Gesellschafts-Archivs entworfen werde, zum Gedächtniss für Zeitgenossen und Nachkommen.

---

[6] Fundstelle: (Kneisel, 1837); ULB Bonn; urn:nbn:de:hbz:5:1-69109. Die zahlreichen Hervorhebungen im Text sind nicht übernommen worden.

Am einfachsten theilt sich die Geschichte der Gesellschaft nach dem dreifachen Landes-Regierungswechsel in drei Perioden: I. unter der kurfürstlich-kölnischen, II. der französischen und III. der preussischen Herrschaft. <2>

I. Periode: Die Lese-Gesellschaft unter der kurfürstlich-kölnischen Herrschaft von 1787 bis 1791.

Am ersten December 1787 traten dreizehn, durch Bildung und Stand ausgezeichnete Männer, zu einem Leseverein zusammen, aus welchem unsere Gesellschaft allmählich erwachsen ist. Noch in demselben Monat schlossen sich ihnen so viele Theilnehmer an, dass die Gesellschaft beim Jahresschluss 1787 bereits 35 Mitglieder zählte. Dankbar haben wir ihre Namen an die Spitze des beigefügten Namenverzeichnisses gestellt [siehe Seite 51 ff].

Nachdem die Gesellschaft sich gehörig constituirt, ein passendes Lokal zu ihren Versammlungen in dem damaligen Eggelmeier'schen Hause – dem Schloss gegenüber – gemiethet, die ersten Statuten entworfen und festgestellt hatte, begann sie am 2ten Januar 1788, mit welchem Tage erst die vorhandenen regelmässigen Sitzungsprotokolle anheben, ihre eigentliche Wirksamkeit nach den eingeführten Gesetzen.

Der ursprünglichen Einrichtung zufolge sollte jedes Mitglied eine oder mehrere Zeitschriften, Zeitungen und auch ganze Werke, oder statt dessen einen jährlichen Beitrag von zwei Kronenthalern liefern; welche Vergünstigung in der Folge nur den allen 35 ersten

Mitgliedern zustand; späterhin hatte jedes Mitglied ein Journal oder eine gelehrte Zeitung zu stellen, überdies einen halbjährlichen Beitrag von zwei Reichsthalern kölnisch und endlich noch ein Aufnahmegeld von vier Kronenthalern zu entrichten. Die Zeitschriften sollten nach einer gewissen Zeit wieder an die Mitglieder, welche dieselben hingegeben, zurückfallen; regelmässig aber wurden sie der Gesellschaft zum Geschenk gemacht. Mit rühmlichem Eifer bestrebten sich die Mitglieder auf eigene Kosten die Lesetische mit unterhaltenden und belehrenden Zeitschriften zu versehen und die gesellschaftliche Bibliothek mit gehaltvollen und schätzbaren Werken zu bereichern.

Abbildung 1: Drei Bienenkörbe (von Seite 22 der Vorlage)

So rechtfertigten sie die wahre Bedeutung des gewählten und noch fortbestehenden Symbols der Gesellschaft: eines von arbeitsamen, zu- und abfliegenden Bienen umschwirrten Bienenkorbes, dessen Anblick auch uns auffordert zu gleich emsiger Beförderung des gesellschaftlichen Zweckes. <3> Von den Gesellschaftszimmern war eines zum Lesen, das andere zur Ausstellung der Bibliothek, das dritte zu freundschaftlichen und stillen Unterhaltungen bestimmt, wobei der Genuss von Erfrischungen, mit Ausnahme berauschender Getränke, und gesellschaftliche Spiele, – Karten und Würfel ausgeschlossen – gestattet waren.

Anfangs wurden alle geselligen Angelegenheiten in allgemeiner Versammlung berathen und entschieden; doch hatte die Gesellschaft einen Direktor, der alle Monate wechselte, einen Sekretär und Kassierer. Aber schon im April 1788 setzte man zu besserer Handhabung der Verwaltung, einen eignen Ausschuss ein, bestehend aus dem Direktor, Sekretär und Kassierer, welche von nun an für die Dauer eines Jahres gewählt wurden, und sechs Mitgliedern der Gesellschaft, wechselnd nach der Reihefolge der Aufnahme, so dass mit jedem Monat das älteste abging und das zunächst folgende an dessen Stelle trat. Diese sechs Ausschussmitglieder führten, gleichfalls der Reihe nach, die Aussicht über das Lesezimmer und die Bibliothek, bis 1789 ein eigner Bibliothekar dem Ausschuss beigesellt ward.

Namhafter Zuwachs neuer Mitgliedern ward der Gesellschaft fortwährend zu Theil, und sie erfreute sich nicht minder des Besuches vieler werthen Gäste, unter welchen vor allen des Landes Herrscher, Kurfürst und Erzbischof Max Franz[7] hervorragt: er ehrte die Gesellschaft zuerst am 22ten Januar 1788, und in der Folge nicht selten als schlichter Privatmann, durch seinen Besuch, und zeichnete seinen Namen eigenhändig in das noch vorhandene Fremdenbuch ein, erklärte sich zum Beschützer der Gesellschaft, und liess ihr auch bis ans

---

[7] Maximilian Franz Xaver Joseph Johann Anton de Paula Wenzel von Österreich (* 8. Dezember 1756 in Wien; † 26. Juli 1801 in Hetzendorf bei Wien), als österreichischer Erzherzog Maximilian II. Franz, war seit 1780 Hochmeister des Deutschen Ordens und von 1784 bis 1801 Kurfürst und Erzbischof von Köln sowie Fürstbischof von Münster.

Ende seiner Regierung seinen wohlwollenden Schutz in reichlichem Maasse angedeihen.

Abbildung 2: Rathaus, by Wikipedia

Bei solcher Theilnahme ward das bisherige Lokal der geselligen Versammlungen bald zu enge; schon den 9. April 1788 bezog die Gesellschaft ihr neues, vom Stadtmagistrat angemiethetes, auf dem zweiten Stocke des Rathhauses, welches der Kurfürst auf eigne Kosten mit allen nothwendigen Möbeln auf das reichlichste und bequemste ausgestattet hatte[8]; es wurde bei ihrer ersten <4> Versammlung durch eine gehaltvolle Rede von Schücking feierlichst eingeweiht.

Aus schuldigem Danke gegen ihren grossmüthigen Protektor schaffte die Gesellschaft aus ihrer Kasse dessen wohlgetroffenes lebensgrosses Bildniss[9] an und stellte es am 2. December 1789 feierlich, in Gegenwart der kurfürstlichen Herren Commissarien, Ihrer Excellenzen des Staatsministers Reichsfreiherrn von Waldenfels und des Landcomthurs Reichsfreiherrn von Zobel und mehrerer anderen hohen Standespersonen und Fremden in dem grossen Gesellschaftssaale auf; Hr. Sekretär von Mastiaux sprach einen Prolog und las eine von einem Ungenannten eingereichte Festrede ab, Hr. Professor [Eulogius] Schneider deklamierte eine Ode[10] und Hr. Professor [Peter Joseph] van der Schuren hielt eine philosophische Rede über den Einfluss der Wissenschaften auf den Staat und schloss das Fest mit einem Epilog. Diese Vorträge wurden gedruckt unter die Anwesenden vertheilt. Mit diesen Feierlichkeit ward zugleich die Austheilung der

---

[8] »In dem noch vorhandenen Verzeichnisse finden sich vermerkt: 60 nussbaumene Stühle mit Lederpolster von Pferdehaaren, 3 grosse Kanapees desgleichen; ein großer Tisch mit grünem Wachstuch überzogen: 12 kleinere Lesetische; 2 nussbaumene Kommoden mit Messingbeschlag; 2 grosse Spiegel mit Goldrahmen; ein Büchergestell mit Unterschrank und Treppe; mehrere Gesellschaftsspiele u. s. w.; wovon manches noch jetzt vorhanden ist.«

[9] »Leider ist dies Bildniss in der Zeit der französischen Republik verkommen; nur der Rahmen ward durch die Vorsorge des Hrn. Grafen von Belderbusch erhalten und später zur Einfassung eines andern Gemäldes, von Begasse – Johannes in der Wüste – verwendet.«

[10] Siehe (Flörken, 2017).

gedruckten neuen, in den Hauptpunkten zwar auf die alten gegründeten, jedoch mannichfaltig erweiterten und vermehrten Statuten der Gesellschaft verbunden.

Im Jahre 1790 veranstaltete die Gesellschaft, auf allgemeinen Wunsch ihrer Mitglieder, eine Trauerfeier auf den kurz vorher erfolgten Tod des grossen deutschen Kaisers Joseph[11], welcher der Kurfürst selbst, die Landtags-Deputierten des Erzstiftes, der Staatsminister von Waldenfels und mehrere ausgezeichnete Fremden beiderlei Geschlechts beiwohnten; Hr. Professor Schneider hielt eine – später gedruckte – Lobrede[12] auf den Verewigten, welche der Trauer um des Reiches Oberhaupt Worte lieh, die mit allgemeinem Beifall und Rührung vernommen wurden. <5>

Im Jahre 1791 erfreute sich die Gesellschaft des hohen Besuches Ihrer königlichen Hoheit Maria Christina[13], Erzherzogin von

---

[11] Joseph II. (* 13. März 1741 in Schloss Schönbrunn, Wien; † 20. Februar 1790 in Wien) war von 1765 bis 1790 als erster Angehöriger des Hauses Habsburg-Lothringen Kaiser des Heiligen Römischen Reiches.

[12] Siehe (Flörken, 2017).

[13] Maria Christina Johanna Josepha Antonia Erzherzogin von Österreich aus dem Haus Habsburg-Lothringen (* 13. Mai 1742 in Wien; † 24. Juni 1798 ebenda) war das fünfte Kind des Kaisers Franz I. Stephan und der Kaiserin Maria Theresia sowie Erzherzogin von Österreich. Sie heiratete 1766 den Prinzen Albert von Sachsen und war seither Herzogin von Sachsen-Teschen sowie von 1781–1789 und 1791–1792 Statthalterin der Österreichischen Niederlande. Nach zweimaliger Vertreibung (1789 und 1792) aus den Niederlanden lebte die kunstsinnige Lieblingstochter Maria Theresias in ihren letzten Lebensjahren mit ihrem Gatten in Wien und starb dort 1798 im Alter von 56 Jahren.

Oesterreich, Statthalterin von Brabant, Schwester des Kurfürsten, und Ihres Gemahls, Seiner hochfürstlichen Durchlaucht Albrecht Casimir von Sachsen-Teschen, welche beide gleichfalls ihre Namen in das gesellschaftliche Fremdenbuch einschrieben.

In demselben Jahre legte die Gesellschaft gewissermassen den Grundstein zu ihrer jetzt nicht mehr unbedeutenden Kunstsammlung von Gemälden und Bildnissen berühmter Männer, die entweder in Bonn selbst geboren oder durch einen langem Aufenthalt hierselbst eingebürgert sind, indem sie von den beiden jungen Künstlern, Gebrüdern Kügelgen[14], die, in Bacherach geboren, hier ihre erste Bildung erhielten, und sich späterhin als Historien- und Porträtmaler Ruhm erwarben, zwei Gemälde, und zwar ein Landschaftsstück des einen und das Porträt des anderen – im Hintergründe ist zugleich das Bild seines geliebten Bruders als Büste angebracht – auf einstimmigen Beschluss ankaufte. Auch ward von diesem Jahre an der französische *Moniteur*[15] gehalten, der sich von da an bis zum Jahr 1814 noch fast vollständig in der Gesellschaftsbibliothek vorfindet.

Die Jahre 1792 und 93 bieten nichts besonders Merkwürdiges dar: die Gesellschaft verfolgte ruhig ihren ursprünglichen Zweck, die Bibliothek wurde mit mehrern kostbaren Werken, unter andern mit

---

[14] Franz Gerhard von Kügelgen (* 06. Februar 1772 in Bacharach am Rhein; † 27. März 1820 in Dresden), Johann Karl Ferdinand von Kügelgen (* 06. Februar 1772 in Bacharach am Rhein; † 09. Januar 1832 in Reval), siehe https://www.kunstkopie.de/a/vonkgelgen/gerhard-vonkgelgenmitbrude.html&KK_COLLECT_ID=1145

[15] *Le Moniteur universel* est un journal français fondé à Paris en 1789 par Charles-Joseph Panckoucke et disparu le 30 juin 1901.

Buffon's[16] *Histoire naturelle*, bereichert. Mit Uebergehung einiger unwesentlichen Abänderungen der Statuten erwähnen wir nur die Bestimmung, dass künftig jedes Ausschussglied auf 6 Monate gewählt werden sollte.

Um so verhängnissvoller war das Jahr 1794 für die Gesellschaft, welche von den kriegerischen Zeitumständen mit gänzlicher Auflösung bedroht wurde.

Bei Gelegenheit des Rückzuges der kaiserlichen Heere über den Rhein und der Annäherung der Franzosen ward am 28. September in ausserordentlicher Versammlung über das künftige Schicksal der Gesellschaft abgestimmt und mit überwiegender Stimmenmehrheit beschlossen:

a) dass die Gesellschaft bis auf weiteres suspendiert werden solle,

<6>

b) dass die besten Sachen derselben einstweilen wegzubringen, die Bücher, Zeitschriften, Landcharten u. s. w. aber unter die Mitglieder, gegen einen von denselben auszustellenden Schein, zu vertheilen seien.

Dieser Beschluss ward alsbald ausgeführt, und Hr. Canonicus von Mastiaux nahm die Möbeln in Verwahrung.

---

[16] Georges-Louis Leclerc, Comte de Buffon (* 7. September 1707 in Montbard; † 16. April 1788 in Paris) war ein französischer Naturforscher: Histoire naturelle, générale et particulière. Imprimerie Royale, später Plassan, Paris 1749–1804, 44 Bände im Quart-Format.

II. Periode: Die Lese-Gesellschaft unter französischer Herrschaft, von 1795 bis 1813.

Die Suspension der Gesellschaft dauerte in ihrem weitern Umfange bis zum Jahre 1798, in ihrem engern und wahren aber nur bis zum 2ten Jänner 1796, wo in Ermangelung eines verfassungsmässig gewählten Direktors der zeitige Sekretär Hr. Windeck I. die damals anwesenden alten Mitglieder zu einer General-Versammlung einlud. Der nächste Anlass dazu war folgender: die Vertheilung der gesellschaftlichen Bücher unter die einzelnen Mitglieder hatte den Missbrauch zur Folge gehabt, dass viele derselben ausser den Händen der Mitglieder in der Stadt circulirten und dadurch in Gefahr geriethen, ganz verloren zu gehen. Diesem Nachtheile vorzubeugen ward beschlossen, sämmtliche Bücher u.s.w. ungesäumt einfordern zu lassen und an Hrn. Canonicus [Johann Lorenz] von Breuning einzuliefern, der auf die desfallsige Bitte sämmtlicher Anwesenden sich erbot, zur Ausstellung derselben ein Zimmer in seinem Hause einzuräumen, und dieselben gegen Schein zur Benutzung an die einzelnen Mitglieder auszugeben; jedoch erlitt zu dieser Zeit die gesellschaftliche Bibliothek mehrere bedeutende Verluste, indem die anvertrauten Bücher nicht alle zurückgeliefert wurden. Von diesem Tage oder wenigstens von der 3 Wochen später gehaltenen, neuen General-Versammlung an datirt sich das eigentliche Wiederaufleben der Gesellschaft. Mittlerweile, bis zu ihrer völligen Herstellung, tauschten die Mitglieder ihre auf eigene Kosten gehaltenen Zeitungen und Journale wechselseitig aus; es circulirten, wie früher, die Bücher der Gesellschaft-

Bibliothek; es wurden auf Veranstaltung des Sekretärs Hrn. Windeck I. und unter Mitwirkung des Hrn. Professors Dr. Wegeler in des letztern <7> Wohnung allgemeine Versammlungen gehalten und Beschlüsse gefasst, bis endlich am 4. October 1798 mehrere Mitglieder den Wunsch äusserten, die Gesellschaft wieder förmlich eröffnet zu sehen. In der deshalb zusammenberufenen ausserordentlichen General-Versammlung vom 11. October wurde, in Erwägung, dass manches Mitglied wünschen möchte, nicht sogleich wieder Antheil an der Gesellschaft zu nehmen, beschlossen, dass die nicht sogleich beitretenden Mitglieder deshalb keineswegs von ihren Rechten und ihrem Antheil ausgeschlossen sein sollten, unter der Bedingung jedoch, dass dieselben sich binnen eines Jahres nach dem Friedensschluss über ihren Wiedereintritt zu erklären hätten. Zugleich wurde Hr. Professor Dr. Wegeler, als stellvertretender Direktor, ersucht, bei der damaligen Behörde um die Erlaubniss zur Wiedereröffnung der früheren Lesegesellschaft – *Cabinet de littérature* – anzutragen; welche Erlaubniss auf das Bereitwilligste und Ehrenvollste unter Zusicherung aller möglichen Unterstützung ertheilt ward. In den folgenden Versammlungen ward über die Aufbringung der nöthigen Fonds berathschlagt und der monatliche Beitrag jedes Mitgliedes unter Beibehaltung des üblichen Aufnahmegeldes von 4 Kronenthalern, auf 30 Stüber festgesetzt; und endlich am 20. November die Reconstituierung der Gesellschaft, wenngleich vorläufig nur auf 6 Monate, festgesetzt, und zu diesem Zwecke ein entsprechendes Lokal in dem Hause des Hrn. Friedensrichters Robson – Maargasse – gemietet. So wurde am 1. December 1798 die Gesellschaft förmlich wieder eröffnet und gleich am 7ten d.

M. in allgemeiner Versammlung ein neuer Direktor und ein Ausschuss gewählt, der jedoch wegen der geringen Anzahl der Theilnehmer einstweilen nur aus drei Mitgliedern bestand; erst 1806 trat wieder ein Ausschuss von 6 Mitgliedern ein. Dem bisherigen Sekretär Hrn. Windeck I. bezeigte die Gesellschaft den gebührenden Dank für seine vielen Verdienste.

Von diesem Zeitpunkte an blühte die Gesellschaft, die bei ihrem neuen Zusammentritt nur aus 22 frühem Mitgliedern bestand, unter Beibehaltung ihrer alten Gesetze allmählich wieder auf, erwarb sich von Jahr zu Jahr neue Theilnehmer, füllte die durch frühere Verluste entstandenen Lücken ihrer Büchersammlung wieder aus, und erweiterte stufenweise ihren Wirkungskreis so <8> sehr, dass ihr bisheriges Lokal nicht mehr Raum genug bot, wesshalb sie 1802 ihr altes Lokal auf dem Rathhause wieder in Besitz nahm; gleichzeitig wurden die verminderten Beiträge der Mitglieder wieder auf zehn Reichsthaler köln[isch] – zwei statt des in früherer Zeit zu liefernden Journals – erhöht. Aber aller Gemeinsinn und Eifer der Mitglieder der Gesellschaft vermochte nicht, sie während dieser Periode zu dem Umfange und Glanz zu bringen, dessen sie sich unter der kurfürstlichen Herrschaft erfreut hatte.

Von 1799 bis 1806 wurden die Protokolle und Rechnungsabschlüsse nach dem republikanischen Kalender und von 1806 bis 1814 in deutscher und französischer Sprache geführt. Zufälligerweise aber finden sich in den Vorstandsprotokollen der Zeit von 1800 bis 1806, man weiss nicht aus welcher Ursache, bedeutende Lücken.

Im Jahre 1803 erwarb die Gesellschaft ausser anderen Werken auch die grosse *Encyclopédie en ordre des matières*[17] in 239 Bänden 4° mit Kupfern und Charten – Ladenpreis 2400 Fr. – für 800 Franken.

Im Jahre 1808 erhielt die Restauration eine bedeutende Erweiterung. Dem Wunsche, ein Billard zu besitzen, dessen Anschaffung die allgemeine Versammlung beschlossen hatte, begegnete Hr. Oberbürgermeister Graf von Belderbusch[18] aufs liberalste, indem er der Gesellschaft mit einem vollständigen Billard nebst Zubehör ein Geschenk machte. Bei dieser Gelegenheit wurden auch Kartenspiele – mit Ausschluss aller Hazardspiele – gestattet.

Bei stets wachsender Vermehrung des gesellschaftlichen Eigenthums wurde beschlossen, dass neu aufgenommenen Mitgliedern künftig erst nach dreijähriger Theilnahme ein Antheilrecht an dem gesellschaftlichen Eigenthum zukommen solle.

1809 wurde eine neue Auflage der erweiterten und verbesserten Gesetze in beiden Sprachen vertheilt, nachdem 1805 bereits mehrere Modifikationen derselben festgestellt worden waren.

In demselben Jahre verehrte Hr. Maler Weinreiss, Ehrenmitglied der Gesellschaft, das von ihm gemalte Porträt des im Jahr 1784

---

[17] Die Encyclopédie méthodique par ordre des matières ist eine systematisch gegliederte Enzyklopädie in 206 Bänden, die zwischen 1782 und 1832 von dem Verleger Charles-Joseph Panckoucke und Thérèse-Charlotte Agasse (1775–1838) herausgegeben wurde.

[18] Anton Maria Karl Graf von Belderbusch (* 1. Juni 1758 in Heerlen; † 28. September 1820 in Heimerzheim bei Bonn) war von 1804 bis 1814 Maire.

gestorbenen Hrn. Johann Friedrich Maria Velten, eines jungen talentvollen Bonner Gelehrten. <9>

Im folgenden Jahre kaufte die Gesellschaft das Bildniss ihres frühem Protektors des Kurfürsten Max Franz, so wie auch den von Raphael Morghen herausgegebenen Kupferstich ihres damaligen Landesherrn Napoleon, und stellte beide in ihrem Versammlungslokal auf. Fast gleichzeitig erfreute Hr. Professor Begasse, damals noch Schüler des hiesigen Lyceums, die Gesellschaft durch das Geschenk seines Erstlingsgemäldes in Oel, einer grossartigen Copie des h[eiligen] Johannes in der Wüste von Raphael[19].

---

[19] Siehe https://www.virtualuffizi.com.

2646. FIRENZE - Galleria Uffizi - San Giovanni Battista nel deserto; Raffaello Sanzio.

Mittels Entscheidung des französischen Polizei-Ministers vom
17. Februar 1811 erhielt nun die Gesellschaft die offizielle Autorisa-
tion und Anerkennung. Mit fortschreitender Erweiterung der gesellschaftlichen Restauration machte sieh auch die Erweiterung des Lokals und die Annahme eines eigenen Restaurateurs nöthig. Nach
mehrfältigen Debatten, ob die Gesellschaft in einen damals unbewohnten Flügel des Schlosses oder in ein Privathaus der Stadt verlegt
werden solle, entschied man für Beibehaltung des bisherigen Lokals

auf dem Rathhause, zu welchem durch Vermittelung des Stadtmagistrats noch zwei anstossende Zimmer eingeräumt wurden.

Am 15. Juli 1813 feierte die Gesellschaft in dem damals unbewohnten Schlosse zu Poppelsdorf ihr 25jähriges Jubelfest, herzlich und würdig. Vor einer zahlreichen Versammlung, Fremden und frühern Gesellschaftsmitgliedern aus der Umgegend, und fast allen damaligen Mitgliedern wurde das Fest Nachmittags ein Uhr mit einem Marsch unseres Beethoven eröffnet; ihm schloß sich eine von Hrn. Nettekoven gedichtete Festkantate an. Darauf verlas der zeitige Sekretär Hr. Eilender alle auf die Feier bezüglichen Verhandlungen, so wie die Antwortschreiben der alten zum Feste eingeladenen Mitglieder. Alsdann hielt der zeitige Direktor Hr. [Johann Heinrich] Crevelt eine Rede über die Geschichte der Künste und Wissenschaften und deren Beförderer in der Stadt Bonn, mit einer kurzen Geschichte der Gesellschaft selbst endigend. Der höchst beifällig aufgenommenen Rede folgte eine Symphonie von Haydn, Hrn. Nettekovens Vortrag einer von ihm gedichteten Ode auf die Harmonie und Eintracht, mit besonderer Anwendung auf die Lesegesellschaft; und mehrere, von Bonner Gelehrten und Kunstfreunden verfassten Gedichte, unter andern von <10> Hrn. Professor Velten, von Hrn. Doktor Grabeler, von Hrn. Kandidaten der Theologie Severin Averdonck, von Fräulein Vithens, von Hrn. Rheinschiffahrts-Visitator Merkenich, von Hrn. Stadtsekretär Pfeiffer und von Hrn. Ordensgeistlichen Cremer. – Leider findet sich von allen diesen Aktenstücken nichts mehr im gesellschaftlichen Archive vor. – Nach geendigter Vorlesung wurde eine zweite Symphonie von Haydn aufgeführt und um 3 Uhr das festliche Mittagsmahl begonnen, bei welchem die herzlichsten Toaste ausgebracht wurden. Nach aufgehobener Tafel hatten sich die weiblichen Angehörigen der meisten Gesellschafts-Mitglieder eingefunden, und man erfreute sich in dem Schlossgarten unter fortwährender Harmonie einer Abendunterhaltung, welche sich mit einem unvorbereiteten höchst anmuthigen Balle endigte.

Nach diesem, im echten Geiste der Geselligkeit und unserer Gesellschaft begangenen, Feste bietet die zweite Geschichtsperiode nichts besonders Erhebliches mehr dar, ausser etwa die Erwerbung des von Hrn. Philippart gemalten Bildnisses des zur Zeit des kurfürstlichen Hoftheaters berühmten Tenorsängers Raaf[20], aus Röttgen bei Bonn gebürtig, und des Kurfürsten Max Friedrich[21], wie er zu Ross der Kaiserwahl in Frankfurt beiwohnte. In den Protokollen findet sich auch hierüber nichts.

III. Periode: Die Gesellschaft unter der Regierung Friedrich Wilhelms III. von Preussen, von 1814 bis 1837.

Bei der Wiedereroberung der Rheinlande durch die verbündeten Heere, Anfangs 1814, ward die Gesellschaft zwar auch durch den

---

[20] Anton Raaff (auch Antonius Raaf; * 6. Mai 1714 in Gelsdorf bei Bonn; † 28. Mai 1797 in München) war ein deutscher Opernsänger (Tenor).

[21] Maximilian Friedrich, Reichsgraf von Königsegg-Rot[h]enfels (* 13. Mai 1708 in Köln; † 15. April 1784 in Bonn) war von 1761 bis 1784 Erzbischof von Köln und damit Kurfürst des Heiligen Römischen Reiches.

Verlust mehrerer Mitglieder bedeutend vermindert; doch war von einer Suspension, geschweige Auflösung derselben nicht die Rede; schon gegen das Ende des Jahres war sie wieder so ansehnlich geworden, dass sie das Eintrittsgeld neu aufzunehmender Mitglieder auf 2 Louisd'or erhöhte.

Stetig zunehmend und ihren Wirkungskreis erweiternd, wirkte die Gesellschaft in Freudigkeit und ohne eine bedeutende Veränderung bis zum J. 1818, <11> dem Stiftungsjahre der hiesigen Friedrich-Wilhelms-Universität; doch erhielten während dieser Zeit ihre Kunstschätze durch Geschenke einen ansehnlichen Zuwachs. Hr. Direktor Crevelt nämlich verehrte 1815 der Gesellschaft das Porträt des Hrn. Doktors der Medizin Ferro, eines Bonner Gelehrten, der sich in Wien einen ausgezeichneten Ruf erworben, so wie das von Hrn. Philippart in Oel gemalte Bildniss des Hrn. von Spiegel zum Desenberg, ehemaligen Kammerpräsidenten und Curators der kurfürstlichen Hochschule in Bonn und mehrjährigen Direktors der Gesellschaft; Herr Landgerichts-Präsident Fischenich[22] schenkte den Kupferstich seines verewigten Freundes Schiller, dem die Gesellschaft als Seitenstück den Kupferstich Göthes beigesellt hat. Desgleichen erhielt die Gesellschaft, durch Vermittelung ihres Mitgliedes Hrn. Eichhoff II., von Wien aus die Zusicherung, unser berühmten Landsmann, der Tonkünstler van Beethoven, wolle der Gesellschaft in Kurzem sein in Oel gemaltes Porträt mittheilen, und übermache so einstweilen, bis dahin,

---

[22] Bartholomäus Ludwig Fischenich (* 2. August 1768 in Bonn; † 4. Juli 1831 in Berlin) war ein deutscher Jurist und Mitglied des Preußischen Staatsrates.

dass das Gemälde vollendet sein werde, sein — noch vorhandenes — in Kupfer gestochenes Bildniss, mit der Erklärung, dass dasselbe, nach Eintreffung des Gemäldes, als Andenken alter Freundschaft dem Hrn. Crevelt anheimfallen sollte. Leider ist, aus unbekannten Gründen, dies höchst erfreuliche Versprechen nicht in Erfüllung gegangen[23].

Auf ihren Wunsch erhielt die Gesellschaft 1816 von dem in Bonn gebornen Tonkünstler Salomon, zuletzt Musikdirektor in London, unmittelbar vor dessen unvorhergesehenem Tode sein Bildniss, von Langdow in Oel gemalt, mit reichem Goldrahmen zum Geschenk, und stellte es mit angemessener Feierlichkeit in ihrem Versammlungslokal auf. Mit gleich rühmenswerther Bereitwilligkeit kamen im folgenden Jahre die Hrn. Gebrüder Kügelgen, Historien- und Porträtmaler in Dresden, der an sie ergangenen Bitte der Gesellschaft nach, und verehrten derselben ihr Doppelbildniss auf <12> einem Oelgemälde unter der Bedingung, dass Hr. Crevelt dasselbe bis zu seinem Tode besitzen – worauf Hr. Crevelt jedoch zu Gunsten der Gesellschaft alsbald freiwillig verzichtete – und dasselbe bei etwaiger Auflösung der Gesellschaft der Stadt als Eigenthum und zum Andenken anheimfallen solle.

Da die Stadtverwaltung das bisherige Lokal auf dem Rathhause zu anderweitiger Benutzung in Anspruch nehmen musste, und bei der

---

[23] »Nach van Beethovens Tode [1827] fand sich auch in dessen Nachlassenschaft sein, vielleicht für unsere Gesellschaft bestimmtes, in Oel gemaltes Porträt vor, welches aber, da der Verewigte nichts Näheres darüber verfügt, als Erbstück in die Hände seines Schülers und Freundes des Hrn. Musikdirektors Schindler übergegangen sein soll.«

durch die Gründung der Universität vermehrten Frequenz ihrer Mitglieder, sah sich die Gesellschaft, gegen Ablauf des Jahres 1818, um ein anderes, den umfassendern Anforderungen und Zwecken angemessneres Lokal um, und erkor hiezu das dem Schlosse gegenüberliegende, jetzt dem Hrn. Professor Mayer gehörige Haus Nro. 51, dessen Mittelstock ihr für den ersten Winter genügend schien. Doch schon im folgenden Jahre sah sie sich genöthigt, das Erdgeschoss gleichfalls in Miethe und Benutzung zu nehmen, dergestalt zwar, dass der Mittelstock einzig für die Restauration, die von da an von der Aussicht über das Lesekabinet gänzlich getrennt und einem eigenen Schenkwirte anvertraut ward, das Erdgeschoss aber für die Lese-Anstalten und theilweise zur Wohnung des Restaurateurs bestimmt blieb; wobei noch die besondere Einrichtung getroffen ward, dass auch hiesige Einwohner, obgleich nicht ordentliche Mitglieder der Gesellschaft, die Restauration, nicht aber das Lesekabinet als Abonnenten besuchen durften. Zugleich ward die Verwaltung aller ökonomischen Angelegenheiten der Gesellschaft einer eigenen Oekonomie-Commission anheimgegeben, welche sich sehr wirksam und nützlich bewährte und bis zu Einführung der neuern Statuten der Gesellschaft fortdauerte. Zur Ausschmückung des grössern Restaurationssaales ward unter andern eine grosse Standuhr als Fussgestell der später angeschafften lebensgrossen Büste Sr. Majestät unsers aller gnädigsten Königs, die von da an fortwährend allen Gesellschaftsfesten zur Hauptzierde dient, angekauft, und bei Gelegenheit eines vaterländischen Festes feierlichst aufgestellt. Nun beschloß auch die Gesellschaft, um ihre Neigung zu Beförderung der Wissenschaften und Künste, und ihre lebhaften Gefühle des Dankes gegen den erhabenen Gründer der hiesigen Universität und der hohen Achtung für diese Anstalt durch die That zu beurkunden, der Universität das, von <13> derselben freundlich und dankbar angenommene, Schenkungs-Anerbieten eines der bedeutendsten Werke aus der gesellschaftlichen Bibliothek zu machen, der *Encyclopédie méthodique* in 239 Quartbänden, welcher ein Exemplar der in duplo vorhandenen Werke von Francis Henry Egerton, die der Verfasser einst der Gesellschaft zum Geschenk gemacht hatte, beigefügt wurde.

Bei Ausstellung der Bibliothek in dem neuen Lokal fand eine allgemeine Revision derselben statt: alle veralteten, unvollständigen und werthlosen Werke und Journale wurden ausgeschieden und versteigert, und aus deren Erlös die noch brauchbaren defecten Werke wenigstens theilweise ergänzt. Die dadurch entstandene räumliche Lücke ward reichlich ausgefüllt durch die Bibliothek des bei Colmar verstorbenen Forstbeamten Hrn. Krupp, früheren Bibliothekars an der hiesigen Centralschule und Mitgliedes der Gesellschaft, welche derselbe mittels testamentarischer Verfügung, unter der Bedingung, dass sie bei Auflösung der Gesellschaft der Stadt zufallen solle, unserm Institute aus dankbarer Erinnerung zum Eigenthum vermachte.

Ueberdiess wurde der Gesellschaft in diesem Jahre das Bildniss des Kurfürsten Clemens August von den Erben des Hrn. Canonicus [Franz] Pick zum Geschenk gemacht; so wie sie auf den von Hrn. Crevelt ausgesprochenen Wunsch der Gesellschaft von dem hier geborenen, in Rom lebenden und rühmlichst bekannten Kupferstecher und Maler Metz sein von ihm selbst in Oel gemaltes Porträt empfing.

Die mannigfaltigen Modifikationen und Veränderungen, welche, vorzüglich seit den letzten 2 Jahren, in den Verhältnissen und dadurch auch in den Statuten der Gesellschaft eingetreten, machten 1820 eine Revision und Einarbeitung nöthig, welche einer eigenen aus zehn Mitgliedern bestehenden Commission anvertraut und von derselben zur allgemeinen Zufriedenheit ausgeführt ward. Die Hauptveränderungen betrafen die Feststellung der dem Beschlusse der allgemeinen Versammlung anheim zu stellenden Angelegenheiten, und die Erweiterung des Wirkungskreises des Vorstandes: nothwendige Erfordernisse zur regelmässigen Verwaltung einer, aus fast 200 <14> Theilnehmern bestehenden Gesellschaft. Hieran knüpfte sich die Bewilligung der Aufnahme ausserordentlicher Mitglieder, d. h. solcher, die keinen festen Wohnsitz in Bonn haben, und Studierender hiesiger Hochschule, und die Festsetzung der Verhältnisse solcher zur Gesellschaft; desgleichen die Bildung einer eigenen Wein-Commission, welche sich mit Herbeischaffung des erforderlichen Weines auf Rechnung und zum Vortheil der Gesellschaft befasste, und blos aus den freiwilligen Zuschüßen ihrer Mitglieder das nöthige Anlagekapital zusammenbrachte, bis späterhin das Geschäft durch Zusammenbringung von Aktien in grösserm Umfange und mit reichlicherm Erfolg betrieben werden konnte. Auch fand in diesem Jahre mittels freundschaftlicher Unterhandlung die Vereinigung der etwa drei Jahre vorher gebildeten gleichartigen Erholungsgesellschaft mit der unsrigen statt, wodurch wir einen Zuwachs von 36 Mitgliedern nebst einem nicht unbedeutenden Mobiliar-Vermögen erhielten. Bei Gelegenheit dieser Vereinigung nahm die bisherige Lesegesellschaft den Namen Lese- und Erholungs-Gesellschaft an.

Die Gemäldesammlung erhielt einen bedeutenden Zuwachs: in diesem Jahre durch das Bildniss des Kurfürsten Max Heinrich[24], ein Geschenk des Hrn. Bürgermeisters Zaaren in Brühl, und im folgenden Jahre durch den aus freiwilligen Beiträgen der Mitglieder bestrittenen Ankauf der sechs Bildnisse unserer ausgezeichnetsten Dichter Schiller, Göthe, Herder, Wieland, Seume und Oehlenschläger, welche ein Bonner Künstler Hr. Schoben nach den, von [Gerhard von] Kügelgen in Oel gemalten, Originalien meisterhaft kopiert hatte, so wie durch die mit Kreide gezeichneten Bildnisse der von hier abgegangenen Professoren Mittermaier und Kastner – letzteres ein Geschenk des Hrn. Oberbürgermeisters Windeck –, endlich durch zwei, von Hrn. Rentmeister Trimborn der Gesellschaft verehrte, unbekannte Familien-Bildnisse.

Im Sommerhalbjahr 1821 vereinigte sich ein grosser Theil der Mitglieder zu einem besondern, doch mit der Lesegesellschaft eng verbundenen, Gartenverein in einer Anlage vor der Stadt; desgleichen im Wintersemester zu den ersten von der Lesegesellschaft selbst veranstalteten Bällen, welche seitdem jedes Jahr regelmässig statt fanden. <15>

---

[24] Maximilian Heinrich von Bayern (* 8. Dezember 1621 in München; † 5. Juni 1688 in Bonn) war ein Prinz mit dem Titel Herzog von Bayern aus dem Hause Wittelsbach und ab 1650 Erzbischof und Kurfürst von Köln, Bischof von Hildesheim und Lüttich.

Der plötzliche Verkauf des bisher von der Gesellschaft benutzten und nun nicht mehr zu miethenden Hauses veranlasste die Gesellschaft, sich nach einem andern passenden Lokale umzusehen, wobei sich der allgemeine Wunsch kund that, die Gesellschaft möge sich ein eigenes, allen ihren Bedürfnissen entsprechendes Haus mittels Zusammenbringung der erforderlichen Kaufsumme durch Actien erwerben. Nach vielfältigen Debatten und lange unschlüssiger Wahl erklärte sich endlich die allgemeine Versammlung, auf den desfallsigen Antrag und die bereits getroffene Einleitung des Vorstandes, für das ehemalige Forstheim'sche, jetzige kleinere Gesellschaftshaus, welches sie unter dem 17. August 1824 für die Summe von 13.200 Reichsthalern köln[isch] erkaufte; 7.200 Reichsthaler sollten zu 5% verzinslich gegen erste Hypothek auf dem Hause stehen bleiben, der Rest von 6.000 Reichsthaler aber sogleich baar entrichtet werden. Diese Summe wurde auch alsbald mittels 127 Actien à 50 Reichsthaler zusammengebracht und abgetragen. Zur Bestreitung der dadurch vergrösserten jährlichen Ausgaben ward der jährliche Beitrag sämmtlicher ordentlicher und ausserordentlicher Mitglieder von 8 Reichsth. köln. auf 8 Thlr. preuss. Courant erhöht

Im Mai des folgenden Jahres nahm die Gesellschaft, nachdem vorher alle erforderlichen baulichen Einrichtungen getroffen worden, von ihrem neu erworbenen Lokal Besitz, und stellte zugleich das in Kupfer gestochene Bildniss unseres Landsmanns Ferdinand Ries[25], das der

---

[25] Ferdinand Ries (* 28. November 1784 in Bonn; † 13. Januar 1838 in Frankfurt am Main) war ein deutscher Komponist, Pianist und Orchesterleiter.

berühmte Tonkünstler mittlerweile der Gesellschaft verehrt, im kleinern Lesezimmer als Seitenstück zu van Beethovens Porträt auf. Fast gleichzeitig sandte uns der von hier gebürtige Maler J. J. Becker, dem Wunsche der Gesellschaft entsprechend, sein in Oel gemaltes Bildniss, durch Vermittelung des Hm. Oberbürgermeisters Windeck, zum Geschenke ein.

Nachdem die Wein-Commission alle eingeschossenen Actien aus dem Ertrage des Geschäfts zurückgezahlt, ward mit dem 1sten April 1826 die Weinlieferung für den Bedarf der Gesellschaft auf 6 Jahre einem eigenen Entrepreneur, gegen eine jährliche Abgabe von 254 Thlr. Pr. Court., unter Beaufsichtigung einer eigenen Commission, übergeben.

Im folgenden Jahre verwandelte die Gesellschaft die zu dem neu angekauften <16> Hause gehörigen Hintergebäude, bisher Stallung und Remise, in einen Gartensaal nebst Kegelbahn und Unterhaltungszimmer zum geselligen Versammlungsort während der Sommerzeit.

Als einen neuen Beitrag zur Vervollständigung der Gallerie ausgezeichneter Bonner erhielt die Gesellschaft 1827, auf ihr desfallsiges Ansuchen, von dem Hrn. Geheimen Regierungs- und Medizinalrath Wegeler, einem gebornen Bonner, früher Professor hiesiger Hochschule und mehrjährigem Direktor der Gesellschaft, dessen in Oel gemaltes Porträt zum Geschenk.

Nach der Besitznahme ihres eigenen Lokals erfreute sich die Gesellschaft einer behaglicheren geregelten Existenz: sie zahlte die Zinsen ihrer Schuld, löste halbjährlich wenigstens die gesetzliche Zahl der

41

Kaufactien ein, traf zweckmässige Verbesserungen in der baulichen Einrichtung ihres Hauses, in der Verwaltung ihres Haushaltes und der Führung der Restauration, welche mit einem neuen geschmackvollen Billard versehen ward, und veranstaltete 1834 mittels einer eigens hiezu erwählten Commission eine neue Auflage der seitdem vergriffenen Statuten mit Einführung aller jener Abänderungen und Zusätze, welche der erweiterte Wirkungskreis bis dahin als nothwendig eingeführt hatte, oder die Zukunft als zweckmässig erheischte.

Das Jahr 1833 aber bildet eine wichtige Epoche in unserer Geschichte. Schon 1825 hatte die Gesellschaft vielseitig den Wunsch geäussert, ihr neu erworbenes Lokal mit einem entsprechenden Ball- und Conzertsaal nebst angrenzenden Restaurationszimmern in Verbindung zu bringen, und den an die Remigiusstrasse stossenden Theil der Hintergebäude und des Gartens zu benutzen; den Grundriss nebst ohngefahrem Kostenanschlag eines solchen Redoutengebäudes hatte man bereits entwerfen lassen. Zwar konnte dieser Vorschlag nicht sogleich ins Werk gesetzt werden, aber man gab ihn nicht auf: es stellte sich das Bedürfniss eines geräumigen und geschmackvollen Ball- und Conzertsaales nebst Zubehör stets fühlbarer und dringender heraus, besonders als die Stadt Sr. königlichen Hoheit, unserm allgeliebten Kronprinzen, bei dessen Anwesenheit in unsern Mauern, kein des hohen Gastes würdiges Lokal zu einem Ehrenball anbieten konnte. Dieser Umstand hauptsächlich regte den Eifer und die Thätigkeit der Gesellschaft auf. Einige <17> sachkundige Mitglieder entwarfen, unter Zuziehung von Bauverständigen, mehrere Anschläge, aus welchen der

Vorstand in Verein mit einer eigenen Commission den zweckmässigsten und wenigst kostspieligen auswählte.

Das neben unserm alten Lokal gelegene von Grub'sche Haus ward für 5.000 Thlr. angekauft, zur regelmässigen Erweiterung des neuen Bauplatzes von der Stadtverwaltung ein todter Strassenwinkel für 103 Thlr. 13 Sgr. 9 Pf. erworben, eine eigene Bau-Commission ernannt: die nöthigen Gelder wurden mittels freiwilliger Unterzeichnung von 608 Actien, jede zu 25 Thlr. Pr. Court, mit 5 Procent jährlich verzinslich, im Ganzen also 15.200 Thlr., ohne Verzug zusammengebracht – woraus, unter Fortbestand der auf dem alten Hause lastenden Schuld von 5.538 Thlrn. 13 Sgr. 10 Pf. – 7200 Reichsthalern köln. –, vorerst die noch zu zahlenden alten 60 Actien der frühern Anleihe eingelöst wurden —, die Rechte und Pflichten der Actionäre, so wie die Art der allmähligen Schuldtilgung in einem besondern Vertrage festgestellt; zur Sicherstellung der Betheiligten und zur Verwaltung des Baufonds ein eigenes Actien-Comite erwählt, überdies ein Kapital von 7.000 Thalern P. C. zu 4 ½ % verzinslich gegen erste Hypothek an dem neu zu errichtenden Gesellschaftsbau aufgenommen, der vollständige Plan des Neubaues, so wie er jetzt da steht, von dem Herrn Baumeister van der Emden, der auch die Ausführung des ganzen Baues beaufsichtigte, und den Herren Bau-Inspectoren König und Leydel[26] unter Mitwirkung des Hrn. Architecten Ark, der die Zeichnung der Façade und der innern Saalverzierungen dazu lieferte, entworfen, von der

---

[26] Adam Franz Friedrich Leydel (* 22. April 1783 in Krefeld; † 11. September 1838 in Aachen) war ein deutscher Architekt und Baumeister des Klassizismus.

Gesellschaft angenommen, von der königl. hochlöbl. Regierung in seinem vollen Umfange genehmigt und, nach Abbruch des angekauften Nebenhauses, gleich im Frühling des folgenden Jahres 1834 in Ausführung gebracht. Schon am 26. April ward, mit passender Feierlichkeit, der Grundstein zu dem neuen Gesellschaftsgebäude gelegt, wobei eine hermetisch verschlossene Krystallflasche mit nachbemerkten Urkunden in einem eigens dazu eingerichteten Steine eingemauert wurde:

1) einer Inschrift: „Segen über dies Haus! – Am 26. April 1834 legten den Grundstein zu diesem Ball- und Conzertsaal der Lese- und Erholungs-Gesellschaft in Bonn der Vorstand und die Mitglieder des Bau- und Actien-Comite's der <18> Gesellschaft mit deren eigenhändigen Unterschriften";

2) einem Exemplar der Statuten, und

3) einem Namenverzeichnisse sämmtlicher damals der Gesellschaft angehöriger ordentlicher und ausserordentlicher Mitglieder.

Zur Freude der Gesellschaft stieg im Laufe des Sommers und Herbstes der Neubau rasch empor und war am 31. December 1834 so weit vollendet, dass der neue Gesellschaftssaal mit einem Balle eröffnet und am 6. Januar des folgenden Jahres durch ein festliches Mittagsmahl eingeweiht werden konnte. Die innere Ausschmückung desselben, so wie auch die Instandsetzung des Erdgeschosses zur Aufnahme der Restauration, und eines später angeschafften zweiten Billards, wurden gleichfalls noch vor Eintritt des Winters vollkommen ausgeführt.

Die Gesellschaft beabsichtigte anfänglich den projezierten Neubau mit dem Strassen-Alignement in Einklang zu bringen, musste jedoch aus Mangel an der erforderlichen Tiefe des Bauplatzes, deren Erweiterung damals, trotz aller angewandten Versuche, nicht zu erwirken war, diesen ursprünglichen Plan gänzlich aufgeben; späterhin aber, als die Anlage bereits bedeutend fortgeschritten war, konnte von dem einmal festgestellten Plane um so weniger abgegangen werden, als der nun erwerbbare Raum, dessen Ankauf jedoch auch den zum Bau bewilligten Credit überstiegen haben würde, weder gross noch hell genug schien.

Ein anderes merkwürdiges Ereigniss zeichnet dasselbe Jahr 1833 aus: Das ›Museum‹, eine nicht lange vorher von hiesigen Professoren und anderen Honoratioren gebildete besondere Lese- und Erholungs-Gesellschaft, welche den Studierenden minder beschränkten Zutritt gestattete, als unsere Lese- und Erholungs-Gesellschaft bis dahin gethan hatte, und auch zu Abendunterhaltungen für Damen die nöthigen Einrichtungen bot, trat, noch vor dem eigentlichen Beginn des Neubaues, freiwillig der Lese- und Erholungsgesellschaft bei und vermehrte durch den Zutritt von 42 neuen ehrenwerthen Mitgliedern nicht nur den Umfang sondern auch die Hülfsmittel der Gesellschaft zu schleuniger Erreichung ihres vorgesteckten Zweckes. Gleichzeitig ward allen frühem ausgetretenen Mitgliedern gestattet, sich ohne neues Ballottement und Eintrittsgeld wieder der Gesellschaft anzuschliessen; worauf 13 frühere Theilnehmer dem Verein wieder beitraten. <19>

Durch die Güte des Hrn. Regierungsrathes Esser in Arnsberg erhielt die Gesellschaft das Porträt dessen Vaters, des verstorbenen Hrn. Geh. Raths Esser, des ältesten durch Ballottement aufgenommenen Mitgliedes der ersten Periode.

Im Jahre 1834 bewilligte die Gesellschaft, in gerechter Anerkennung der ununterbrochenen freundschaftlichen Theilnahme, welche das hochlöbl. Offizier-Corps des dahier garnisonierenden königlichen Uhlanen-Regiments, als ausserordentliche Mitglieder, der Gesellschaft bewiesen, demselben das Recht, aus seiner Mitte und nach eigener Wahl drei Herren Offiziere zu bestimmen, welche als ordentliche Mitglieder in die Gesellschaft eintreten und das ganze Corps in den allgemeinen Versammlungen und sonstigen Füllen vertreten sollten; und zugleich jedem einzelnen desselben die Befugniss, gleich den ordentlichen Mitgliedern Fremde in die Gesellschaft einzuführen.

Nach Vollendung des Saales bildete die Gesellschaft einen eigenen Ballverein unter bestimmten Gesetzen und Oberleitung des Vorstandes, statt des bisherigen, der zwar auch der Gesellschaft angehörte, aber seine eigene Direction und Verwaltung hatte und auch Nichtmitglieder der Gesellschaft unter seine Theilnehmer zuliess. Ferner schloss sich der bisher getrennte Musikverein der Bürger und Studierenden, unter neu entworfenen Statuten, der Lesegesellschaft an; bei welcher Gelegenheit die ältere Bonner Conzertgesellschaft, die seit längerer Zeit ihre Wirksamkeit eingestellt hatte, der Lese- und Erholungs-Gesellschaft ihr ganzes vorräthiges Eigenthum, unter andern einen Streicher'schen Flügel, zwölf Kanapees und eine bedeutende

Anzahl Musikalien zum eigenthümlichen Besitz und zum Gebrauch des mit derselben verbundenen Musikvereins überliess.

Desgleichen bildete sich, fast gleichzeitig mit der Beziehung des neuen Restaurationslokals wieder eine eigene Weincommission, welche nun der Gesellschaft aus deren Mitteln Weine ankaufte., nachdem zwei Jahre Hindurch, weder zur Zufriedenheit noch zum Vortheil der Gesellschaft, der Weindebit, fast ohne Einschränkung, der Willkür des Restaurateurs amheimgegeben gewesen war. Durch freiwillige Actienzeichnung brachte jene Commission, mit Zustimmung und unter Garantie der Gesellschaft, gleich im ersten Jahre ihrer <20> Wirksamkeit ein Kapital von 4.150 Thlr. Pr[eussisch] C[ourant] in Actien à 10 Thlr. zusammen, die mit 5 Procent verzinst und nach einem genau festgestellten Plane eingelöst werden sollen, bis wohin den Actien-Inhabern der gesellschaftliche Weinvorrath als Unterpfand zugesichert bleibt.

Bei der 1835 in unserer Stadt gehaltenen Versammlung der Naturforscher rechnete es sich die Gesellschaft zur Ehre, derselben ihr ganzes Restaurationslokal zu den gemeinschaftlichen Mittagsmahlen und abendlichen Zusammenkünften und Unterhaltungen zu überlassen und aus besten Kräften zur Verherrlichung des, unseren ausgezeichneten Gästen zur Ehre veranstalteten Festballes beizutragen. Dafür erfreute sich die Gesellschaft des Besuches und Beifalls so vieler hochberühmter Männer fast aller Länder Europas, und diese Anerkennung wird stets in unsern Annalen eine ehrenvolle Stelle einnehmen.

Durch Vermittelung des Hrn. Jacob Weerth, der sich um den Neubau besonders verdient gemacht, trat die Freifrau von Geyer der Gesellschaft einen angrenzenden Theil ihres Gartens durch Schenkung ab, wodurch der Hofraum des neuen Gebäudes auf eine, für die Gesellschaft sehr vortheilhafte Art erweitert werden konnte.

Gegen Ende dieses Jahres musste abermals eine neue Auflage der gesellschaftlichen Statuten gedruckt werden, welche neue zeitgemässe Bestimmungen erhielt.

Im Jahre 1836 erhielt die Gesellschaft von Fräulein Stuttberg in Düsseldorf das Porträt des als Gelehrter um die Universität und Stadt verdienten, jetzt verstorbenen Herrn Geheim. Rathes Nose, frühern Mitgliedes der Gesellschaft, und in laufenden Jahre von dem berliner Künstler Friedr. Drake zwei Gyps-Modelle, desgleichen von dem hier gebornen Künstler Heidel ein drittes zu dem unserm grossen Landsmann Ludwig van Beethoven dahier zu errichtenden Standbilde, zum Geschenk. Von dem für unsere Gesellschaft höchst ehrenvollen Beitritte der drei hohen Herren, welche das Verzeichnis der sämmtlichen ordentlichen Mitglieder gegen Ende nennt, müssen wir uns versagen hier ausführlicher zu reden; aber unbescheiden wird uns Niemand schelten, dass wir diesen Beweis des Ansehens, dessen sich die <21> Gesellschaft erfreut, nicht unerwähnt gelassen haben. Im Uebrigen bieten die zwei letzten Jahre nichts der Aufbewahrung besonders Werthes dar. Die Gesellschaft im Besitze alles dessen, was sie zur Befriedigung ihrer Anforderungen in Bezug auf Lecture und Unterhaltung nur immer bedarf, verfolgt darin gemessenen Schrittes ihr stets unveränderliches Hauptziel, arbeitet stetig an der Vervollkommnung ihrer Einrichtungen, erfüllt regelmässig ihre Verpflichtungen gegen ihre Gläubiger und Actionäre, und sucht durch fortschreitende Verminderung ihrer Schulden ihren Bestand und ihr Ansehen zu heben und selbst für die fernste Zukunft sicher zu stellen.

Es sei erlaubt, hier noch eine Bemerkung anzuknüpfen. Hr. Director Crevelt, dem die Gesellschaft die Anlage und vorzüglichste Bereicherung ihrer Gemäldesammlung verdankt, äußerte schon vor beinahe 20 Jahren den Wunsch, die Gesellschaft möchte sich zur bessern Verständniss und Würdigung ihrer Kunstschätze, historische und biographische Notizen über die Männer, deren Bildnisse oder Werke sie besitzt und die ihr, als ihr näher Angehörige, besonders theuer sein müssen, zu verschaffen suchen, und forderte mehrfach alle Mitglieder auf, ihm derartige authentische Beiträge zugehen zu laßen. Denselben Antrag wiederholte später der gleichgesinnte Director Hr. Eilender in seinem zweifachen Jahresbericht. Zwar ward derselbe beifällig aufgenommen und dessen baldige Ausführung allgemein gewünscht; doch leider harrt die Gesellschaft noch immer auf eine genügende Erfüllung desselben. Bei Gelegenheit der heutigen Jubelfeier dürfte es wohl zweckmäßig sein, diesen Wunsch zu erneuern, um so mehr, da mit jedem Jahre die Schwierigkeit wächst, die erforderlichen Aufschlüsse zusammenzubringen. Nicht minder wünschenswerth dürfte es sein, die so schön begonnene Kunstsammlung, auf ähnlichem Wege, wie früher, durch allmäliche Erwerbung der Bildnisse noch vieler um Wissenschaft und Kunst, Stadt und Gesellschaft verdienter Männer zu erweitern und zu vervollständigen.

Und hiermit schliesse denn diese erste, halbhundertjährige Chronik unserer Gesellschaft, bei deren Beurtheilung man den Zweck derselben nicht zu verkennen bittet, nämlich eine umfassende und getreue Aufzählung aller, während dieses Zeitraums vorgefallener Ereignisse, welche die Gesellschaft <22> betreffen. Manche scheinbar ganz überflüssige Nachricht ist zur richtigen Würdigung des Ganzen gewiss nicht bedeutungslos, indem sie den stufenmässigen Fortschritt der Gesellschaft in seinem Zusammenhange richtig zu beurtheilen beiträgt, und vielleicht die Mehrheit der Mitglieder möchte, aus warmer Theilnahme an dem Gedeihen unsers Vereins, eine allzustrenge Ausscheidung des minder Interessanten missbilligen und in vorliegendem Falle dergleichen anscheinende Kleinigkeiten, wenn auch nur ihres relativen Werthes wegen, ungern vermissen.

Und so mögen denn unsre Enkel, wenn unsere Gesellschaft ihr hundertjähriges Jubiläum begeht, sich, wie wir heute, der Stiftung ihrer Väter freuen und dieselbe mit gleich dankbarer Erinnerung an die Vorzeit, in stets grösserer Vollkommenheit auf die Nachwelt verpflanzen.

Liste der Mitglieder der ›Lese‹ bis zum Jahr 1837[27]

#	Per i- od e	Jahr	Titel	Name	Funktion/Beruf	Name des Illuminatus
1	1	1787		Breuer	Kurf. Hofkammerrath †	
2	1	1787		Cramer v. Clauspruch I. sen.	Geistl. Rath und Canoni-cus †	
3	1	1787	Dr.	Crevelt	Arzt †	
4	1	1787		Doerfeld	Legations-Secretär *	
5	1	1787		Dreesen	Canonicus und Oberpfar-rer †	
6	1	1787		Eichhoff I. sen.	Gräfl. Bentheimscher Rath und Landtagsdepu-tierter †	Deside-rius
7	1	1787		Eichhoff II. jun.	Rheinschiffahrts-Director †	Hephas-tion
8	1	1787	Dr.	Hauser	Canonicus und Professor †	
9	1	1787		Holthof	Kurf. Kellermeister später Steuerrath	
10	1	1787	Dr.	Jochmaring	Professor der Mathema-tik †	
11	1	1787		Neefe	Kurf. Hof-Organist †	Glaucus
12	1	1787		Nettekoven	Kurf. Ober-Kellermeister später Domänen-Emp-fänger †	
13	1	1787	Dr.	Oberthür	Professor und Gymna-sial-Director †	
14	1	1787		Peltzer	Geheimer und Appellati-ons-Rath †	
15	1	1787		Polzer	Deutsch-Ordensrath o 1790	
16	1	1787		Reicha	Kurf. Hof-Musikdirector †	
17	1	1787		Ries	Kurf. Hofmusikus	Parmeni o
18	1	1787	Dr.	Rougemont	Professor der Medizin †	

---

[27] Fundstelle: (Kneisel, 1837).

19	1	1787	Dr.	Sandfort	Artillerie-Lieutenant und Professor der Mathematik †	
20	1	1787	Dr.	Schallmeier	Professor der Theologie o 1805 †	
21	1	1787		Schmitz I.	Canonicus †	Japhet
22	1	1787		Schücking	Secretär des Kurf. Regierungs-Präsidiums † 1790	
23	1	1787		Simrock N.	Musikverleger †	Jubal
24	1	1787	Dr.	van der Schüren	Professor †	
25	1	1787		von Breuning I. jun.	Canonicus †	
26	1	1787		von Gerolt	Geh. Rath später Staatsprocur. u. Membre du Corps legisl. †	
27	1	1787		von Gruben	Hof-und Regierungs-Rath †	
28	1	1787		von Heckel	Kurf. Geheim-Secretär † 1789	
29	1	1787		von Mastiaux I. sen.	Domherr zu Augsburg o 1791 † 1793[28]	
30	1	1787	Frh.	von Rolshausen	Kammerherr Kurf. Hof- und Regier.-Rath o 1790	
31	1	1787	Frh.	von Schall I. sen.	Kurfürstl. Kammerherr und Hauptmann †	Anaxagoras
32	1	1787	Frh.	von Schall II. jun.	Geh. und Ober-Appellations-Rath †	Chabrias
33	1	1787	Frh.	von Spiegel zum Desenberg	Domherr Geh. Rath Kammerpräsident und Curator der Universität †	
34	1	1787	Frh.	von Weichs I.	Kurf. Kammerherr und Oberjägermeister †	
35	1	1787		Wreden	Canonicus †	
36	1	1788	Dr.	Becker	Professor der kathol. Theologie †	
37	1	1788		Biegeleben I.	Geheimer Rath †	
38	1	1788		Bruckmann	Canonicus †	
39	1	1788		Cramer v. Clauspruch II. jun.	Geh. und Revisions-Rath † 1792	
40	1	1788	Frh.	d'Aix	Kammerherr und Obrist-Lieutenant o 1793	

---

[28] * bedeutet abwesend / o bedeutet ausgetreten / † bedeutet verstorben.

52

41	1	1788		d'Anthoine	Hauptmann o 1792	Hermogenes
42	1	1788	Dr.	Dereser	Prof. der kath. Theol. sp. Domherr in Breslau †	
43	1	1788		Dobeler	Hofkaplan †	
44	1	1788		Dufournay	Major o 1793	
45	1	1788		Esser I.	Hofkammerrath und Syndicus der Universität †	
46	1	1788	Dr.	Gareis	Professor der kathol Theologie und Hofprediger o 1791	
47	1	1788	Dr.	Hedderich	Geistl. Rath und Professor der kathol. Theologie †	Apollinar
48	1	1788		Hoerster	Geh. und Revisions-Rath o 1791	
49	1	1788	Dr.	Kauhlen	Hofrath und Professor der Medicin † 1793	Tassilo
50	1	1788		Lapoterie	Maler o 1790	
51	1	1788		Libisch	Privater *	
52	1	1788		Martersteck	Münsterstifts-Vicar †	
53	1	1788		Merkenich	Zöllner †	
54	1	1788		Müller I.	Geheimer und Ober-Appellations-Rath †	
55	1	1788		Neesen	Canonicus und Geistl. Rath o 1792	
56	1	1788		Pfau	Hofmusicus †	
57	1	1788		Pfingsten	Geheimer Rath †	
58	1	1788		Radermacher	Canonicus und Dechant †	
59	1	1788		Schaaf	Canonicus †	
60	1	1788	Dr.	Scheben	Professor der katholischen Theologie o 1792	
61	1	1788		Smets	Schöffe o 1791	
62	1	1788		Steiger	Hofschauspieler †	
63	1	1788		Vaugine	Legations-Secretär o 1791	
64	1	1788		von Breuning II. sen.	Geh. Rath u Kanzler des deutschen Ordens o 1792	
65	1	1788	Frh.	von Cler I. jun.	Privater †	
66	1	1788	Frh.	von Cler II. sen.	Privater †	
67	1	1788	Graf	von Erbach	Commandeur des deutschen Ordens u Kais General †	
68	1	1788	Frh.	von Forstmeister	Obrist-Marschall † 1790	
69	1	1788	Graf	von Goltstein	Kammerherr †	

70	1	1788		von Gruben	Canonicus †
71	1	1788	Frh.	von Gymnich	Kaiserlicher General und Gouverneur von Mainz †
72	1	1788		von Ledebur	Hauptmann o 1790
73	1	1788		von Lohausen	Major †
74	1	1788	Frh.	von Lüninck	Geheimer und Ober-Appellationsrath o 1791
75	1	1788		von Mastiaux II. jun.	Canonicus †
76	1	1788	Graf	von Nessel-rode-Reichen-stein I. jun.	Regierungs- Präsident später Ober-Forstmeister †
77	1	1788	Graf	von Nessel-rode-Reichen-stein II. sen.	Hofraths-Präsident †
78	1	1788	Dr.	von Ney	Professor der Medicin und Leibchirurg o 1790
79	1	1788	Graf	von Spee	Kurf. Ober-Küchen-Meister *
80	1	1788	Graf	von Waldstein	Commandeur des deutschen Ordens †
81	1	1788		von Walpol-Bornheim	Hauptmann o 1793
82	1	1788	Graf	von Wolff-Met-ternich	Ober-Appellations-Gerichts-Präsident † 1790
83	1	1788		Weidenfeld	Hofrath *
84	1	1788		Welsch	Hofmusicus †
85	1	1788		Willich	Kurfürstl. Stallmeister *
86	1	1789		Beckenkamp	Hofmaler o 1794
87	1	1789		Bowater	Gesandtschaftsbeamter †
88	1	1789		Doetsch	Canonicus †
89	1	1789		Forlivesi	Canonicus o 1792
90	1	1789		Kalt	Hofkammerrath o 1792
91	1	1789		Loelgen	Oberpfarrer †
92	1	1789		Müller II.	Hofmusicus o 1791
93	1	1789		Pokorny	Hofmusicus o 1792
94	1	1789	Dr.	Schneider (Eulogius)	Professor der Aesthetik o 1792
95	1	1789		Stahl	Hofbaumeister *
96	1	1789		Tautphäus	Secretär des deutschen Ordens *
97	1	1789		von Andlau	Deutsch-Ordens-Ritter o 1792
98	1	1789		von Biegeleben II.	Hofraths-Referendar *
99	1	1789		von Mastiaux III. jun.	Canonicus †
100	1	1789	Frh.	von Weichs II.	Probst †

101	1	1789		Werner I.	Gymnasial-Lehrer und Professor o
102	1	1789	Dr.	Werner II.	Hofrath und Professor †
103	1	1789		Willmann	Hofmusicus o 1791
104	1	1789		zum Pütz	Canonicus †
105	1	1790		Abshoven	Hofbuchdrucker †
106	1	1790		Arndts I.	Hofrath †
107	1	1790		Bamberger	Hofmusicus †
108	1	1790		Bouget	Hofrath o 1792
109	1	1790		Druffel	Geheimer Rath †
110	1	1790		Duell	Hofkaplan o 1791
111	1	1790		Floret	Kabinets-Secretär *
112	1	1790		Frh. von Lüt-zerode	Oberamtmann †
113	1	1790		Gottschalk	Kanzellist †
114	1	1790		Graff	Hofkaplan o 1791
115	1	1790	Dr.	Hanf	Professor o 1793
116	1	1790		Hauptmann	Kaufmann o 1794
117	1	1790		Heller	Hofmusicus †
118	1	1790		Honecker	Münsterstifts-Vicar †
119	1	1790		Ipp	Pfarrer †
120	1	1790		Klemmer	Bereiter o 1791
121	1	1790		Lux	Hofschauspieler †
122	1	1790		Paraquin	Hofmusicus o 1794
123	1	1790		Perner	Hofmusicus f 1791
124	1	1790		Sethe	Münsterstifts-Vicar †
125	1	1790		von Frantz	Canonicus †
126	1	1790		von Wambolt	Kaiserlicher Oberlieu-tenant o 1792
127	1	1790		Wegeler	Professor der Medicin später Geh. Regier. und Med. Rath *
128	1	1790		Windeck I.	Hofraths-Procurator und Notar *
129	1	1790	Dr.	Wolff I.	Arzt †
130	1	1790		Wolff II.	Geheim-Kanzellist o 1792
131	1	1791		Auberger	Bereiter †
132	1	1791		Bodifee I.	Fähndrich o 1792
133	1	1791		Cremer	Münsterstifts-Vicar o 1792
134	1	1791		de Fresney	Französischer Legations-Secretär o 1792
135	1	1791		Eisenberg	Bereiter †
136	1	1791		Kerich	Scholaster †
137	1	1791		Kerp	Hofkammer-Rath †
138	1	1791		Riegel	Weltpriester und Lehrer o 1792
139	1	1791		von Bourscheid	Deutsch-Ordens-Ritter †

140	1	1791	Graf	von Hompesch	Obrist-Jägermeister *
141	1	1791		von Seida	Fähndrich o 1792
142	1	1791		Wendels	Canonicus †
143	1	1791	Dr.	Wurzer I.	Hofrath und Professor der Chemie *
144	1	1792		Bodifee II. sen.	Canonicus
145	1	1792		Foelix	Kurf. Vorleser *
146	1	1792		Kaufmann	Hofrath †
147	1	1792		Kley	Hofraths-Archivar †
148	1	1792		Malchus	Legations-Secretär †
149	1	1792		Roeser	Leibchirurg *
150	1	1792		Schmitz	Professor *
151	1	1792		Volck	Hofrath und Archivar †
152	1	1792	Graf	von Belderbusch	Erb-Hofmeister sp. Oberbürgerm. von Bonn †
153	1	1792		von Breuning III.	Hofrath und Geheim-Secretär †
154	1	1793		Cessner	Geheim-Secretär *
155	1	1793	Dr.	Neeb	Professor der Philosophie *
156	1	1793		Ostler I.	Forstmeister †
157	1	1793	Dr.	Slupp	Professor *
158	1	1793		von Asbeck	Hof- und Regierungsrath *
159	1	1793	Frh.	von Schorlemmer	Privater *
160	1	1793	Graf	von Westphalen	Kaiserlicher Gesandter †
161	1	1793		von Wöllwarth	Kaiserlicher Rittmeister †
162	1	1793		Zartmann	Zollschreiber o
163	1	1793	Dr.	Zulehner	Professor *
164	1	1794	Dr.	Arndts II.	Hofkammer-Rath und Professor der Mineralogie †
165	1	1794		Rozzoli	Kaufmann
166	1	1794	Frh.	von Lombeck-Gudenau	Domherr †
167	1	1794		Wurzer II.	Hofraths-Referendar später Landgerichts-Präsident *
168	2	1798		Abshoven	
169	2	1798		Bodifee II. sen.	
170	2	1798		Bruckmann	
171	2	1798		Crevelt	
172	2	1798		Eichhoff II.	
173	2	1798		Kaufmann I.	
174	2	1798		Kerich	
175	2	1798		Kerp	
176	2	1798		Nettekoven	

177	2	1798		Ostler I.	
178	2	1798		Pfingsten I.	
179	2	1798		Radermacher	
180	2	1798		Ries I.	
181	2	1798		Rougemont	
182	2	1798		Simrock I.	
183	2	1798	Graf	von Belder-busch	
184	2	1798		von Geröll	
185	2	1798	Frh.	von Lombeck-Gudenau	
186	2	1798		Wegeler	
187	2	1798		Windeck I.	
188	2	1798		Wolff II.	
189	2	1798		Wurzer I.	
190	2	1799		Degenhard	Notar o 1800
191	2	1799		Geich	Commissaire du pouvoir executif o
192	2	1799		Gombault	Domainen- Inspektor *
193	2	1799	Dr.	Liessem	Professor am Gymnasium
194	2	1799		Martersteck	
195	2	1799		Robson	Friedensrichter o 1805
196	2	1799		Vaasen	Canonicus †
197	2	1799		von Breuning II.	Notar †
198	2	1801		Baruch I.	Banquier o 1807
199	2	1801		Loelgen	
200	2	1801		Maud'heux	Bezirks-Steuer-Einnehmer *
201	2	1802		Bizot	Chef du genie *
202	2	1802		Cantobre	Platz-Commandant *
203	2	1802	Dr.	Christ	Professor der Mathematik *
204	2	1802		Delier	Festungsunternehmer *
205	2	1802		Eilender I.	Notar †
206	2	1802	Dr.	Fischenich	Prof. der Rechte Hofrath u. Geh. Ob. Revis. Rath †
207	2	1802		Krupp	Bibliothekar der Centralschule später Forstbeamter †
208	2	1802		Kurth	Privater †
209	2	1802	Dr.	Odenkirchen	Professor der orientalischen Sprachen †
210	2	1802		Ostler I.	
211	2	1802		Schallmeier	
212	2	1802		Windeck II.	Notar später Ober-Bürgermeister
213	2	1803		Alfter I.	Posthalter †

214	2	1803		Altstaedten	Polizei-Commissar später Landgerichts-Schreiber †
215	2	1803		de Trou	Tribunal-Richter †
216	2	1803		Dreesen	
217	2	1803		Eskeles	Privater
218	2	1803		Esser II. jun.	Geheimer Regierungs-Rath *
219	2	1803		Gucker	Advocat-Anwalt †
220	2	1803		Hansmann	Advocat-Anwalt später Tribunal-Richter †
221	2	1803		Hilt	Advocat-Anwalt †
222	2	1803		Limbach	Steuer-Controleur später Steuer-Director
223	2	1803		Lohe	Pfarrer o
224	2	1803		Maratrey	Unter-Forst-Inspector *
225	2	1803		Olligschläger	Bergwerksbesitzer †
226	2	1803		Pick I.	Forstmeister *
227	2	1803		Piecq	Secretär
228	2	1803		Rozzoli	
229	2	1803		Schmitz	
230	2	1803		Sethe	
231	2	1803	Dr.	Tils	Arzt †
232	2	1803		Weiss	Advocat-Anwalt †
233	2	1803		Wolff I.	
234	2	1804		Bodifee III. jun.	Canonicus und Inspector
235	2	1804		de Roy	Offizier *
236	2	1805		Frowein	Fabrikant †
237	2	1805		Kamp	Notar * von 1807 bis 1818
238	2	1805		Lamberz	Advocat-Anwalt später Justizrath
239	2	1805		Schmitz II.	Gastwirtin o
240	2	1805	Dr.	Velten I.	Arzt später Kreisphysicus und Hofrath †
241	2	1806		Angelbis	Stadtrath
242	2	1806		Arck	Rheinschiffahrts-Beamter o 1809
243	2	1806		Boosfeld	"Unterpräfect; später Tribunalpräsident †"
244	2	1806		Demeurez	Douanensecretär *
245	2	1806		Demourel	Douanenbeamter *
246	2	1806		Magnier	Receveur des droits reunis *
247	2	1806		Mayer Marx I. sen.	Kaufmann
248	2	1806		Pfeiffer	Stadtsecretär †
249	2	1806		Veith	Deutsch-Ordensrath †

250	2	1806	von Mastiaux IV	Tribunalrichter †
251	2	1806	Wachendorff	Notar †
252	2	1806	Wolff III. (Samuel)	Hofagent †
253	2	1806	Worringer	Steuer-Einnehmer †
254	2	1807	Berg	Fabrikant *
255	2	1807	Heidel	Fabrikant †
256	2	1807	Heinen	Privatlehrer †
257	2	1807	Maubach	Privater *
258	2	1807	Neusser I.	Buchdrucker
259	2	1808	Amaury	Steuer-Einnehmer †
260	2	1808	Baruch II.	Privater †
261	2	1808	Hermann	Secretär beim Rhein- schiffahrts-Octroi *
262	2	1808	Kanne	Gymnasiallehrer o
263	2	1808	Kaufmann II.	Privater
264	2	1808	Kerz	Steuerrath †
265	2	1808	Mehlem I. (Paul)	Kaufmann
266	2	1808	Dr. Noeggerath	Ober-Bergrath und Professor * von 1815 bis 1818
267	2	1808	Nose	Legationsrath (Ehren halber durch Acclamation aufgenommen) †
268	2	1808	Oppenhoff	Präfectur-Secretär später Hofrath und Univ. Secr.
269	2	1808	Pick II.	Canonicus †
270	2	1808	Schmitz III.	Controleur principal *
271	2	1808	Schneider II.	Steuer-Einnehmer *
272	2	1808	Schneider III.	Advocat-Anwalt *
273	2	1808	Steinhausen	Apotheker o
274	2	1808	Dr. Turwitt	Arzt o
275	2	1808	von Weichs- Glan	Kammerherr o
276	2	1808	Weerth I. sen. (Friedr.)	Fabricant und Commerzienrath
277	2	1808	Wrede I.	Appellations-Gerichts-Rath *
278	2	1809	Becker I.	Kaufmann o
279	2	1809	Bertram	Stadtrentmeister †
280	2	1809	Coppenhagen	Privater *
281	2	1809	Cudel	Privater *
282	2	1809	d'Anthoin II.	Privater o
283	2	1809	Eiler	Stadt- später Kreis-Secretär
284	2	1809	Kügelgen	Proviseur du Lycee †
285	2	1809	Laufenberg	Elementarlehrer o

59

286	2	1809		Lausberg	Fabrikant †
287	2	1809		Martin	Secretaire des droits reunis *
288	2	1809		Trimborn I.	Rentmeister
289	2	1809		Werner I.	o
290	2	1810		Delahaye	Gensd'armerie-Officier *
291	2	1810		Fey	Pfarrer † 1836
292	2	1810		Herter	Ober-Geometer †
293	2	1810		Nogari	Kaufmann
294	2	1810		Schugt	Kaufmann o
295	2	1811		Cramer I. jun.	Fabrikant *
296	2	1811		Gall	Censeur du Lycee später Doyen de l'univ. de Liege *
297	2	1811		Klein	Lehrer am Lyceum *
298	2	1811		Koch I.	Gutsbesitzer o
299	2	1811		Lidor	Capitaine †
300	2	1811		Spitz	Econome du Lycee sp. Quästor u. Rendant der Univ. u Hofrath
301	2	1811		Stegmann	Musicus †
302	2	1811		von Proepper	Privater †
303	2	1811		Walter	Domainen-Empfänger o
304	2	1812		Adams	Controleur des droits reunis *
305	2	1812		Cramer II. sen.	Fabrikant *
306	2	1812		Grebauval	Entrepreneur du tabac *
307	2	1812		Kaufmann II.	Bürgermeister von Aden-dorff †
308	2	1812		Moll I.	Rentner
309	2	1812		Raitz von Frentz	Privater †
310	2	1812		Wolff III. A. H.	Banquier
311	2	1813		Becker II.	Privater †
312	2	1813		Büttgenbach	Ober-Geometer später Steuer-Rath *
313	2	1813		Falkenstein	Fabrikant †
314	2	1813		Marx II. (Georg)	Kaufmann
315	2	1813		Quoadt (Sohn)	Privater o
316	2	1813		Zartmann II.	Canonicus †
317	3	1814		Petazzi I. (Franz)	Weinhändler
318	3	1814	Dr.	von Rehfues	Kreisdirector Geh. Reg. Rath u. ausserord Reg.Bevollm. o
319	3	1815		Balbiano	Bürgermeister von Pop-pelsdorf o
320	3	1815		Dernen I.	Stadtrentmeister

321	3	1815		Wolff IV (Bern-hard)	Handelsmann †
322	3	1816		Bitter	Stadt-Secretär †
323	3	1816		Forstheim	Privater † 1S36
324	3	1816		Hardt	Geheimer Ober-Bergrath †
325	3	1816		Oehm	Platz-Commandant *
326	3	1816	Graf	von Beust	Geheimer Ober-Berg-Rath und Berghaupt-mann
327	3	1816		von Ledebur	Uhlanen -Lieutenant *
328	3	1817		Baumann	Gymnasiallehrer †
329	3	1817		Becher	Ober-Bergrath o †
330	3	1817		Domine	Gymnasial-Oberlehrer o
331	3	1817		Hunzinger	Privater †
332	3	1817		La Valette St. George	Privater †
333	3	1817		Ruckstuhl	Gymnasial-Oberlehrer †
334	3	1817		Simrock II. (Friedr.)	Gastwirth
335	3	1817		Wrede II. sen.	Apotheker o
336	3	1818	Dr.	Arndt	Professor der Geschichte
337	3	1818		Arnold	Advocat-Anwalt †
338	3	1818		Becker I.	†
339	3	1818		Becker III. (Heinrich)	Kaufmann
340	3	1818		Biedermann	Gymnasial-Director
341	3	1818		de Claer	Domainenrath
342	3	1818	Dr.	Harless	Geheimer Hofrath und Professor der Medicin
343	3	1818		Iven	Oberpfarrer später Dom-herr o
344	3	1818		Kamp	
345	3	1818	Dr.	Kastner	Professor der Chemie *
346	3	1818		Kaufmann III. (Carl)	Stadtrath
347	3	1818	Dr.	Lücke	Professor der evangeli-schen Theologie *
348	3	1818		Marcus	Buchhändler
349	3	1818	Dr.	Naeke	Professor der classi-schen Philologie und Be-redsamkeit
350	3	1818		Noeggerath	
351	3	1818		Ruetz I. (Feli-cian)	Kaufmann
352	3	1818		Ruetz II. (Jo-seph)	Kaufmann
353	3	1818	Dr.	Sack	Professor der evangeli-schen Theologie o

354	3	1818	Dr.	Schramm	Professor und Bibliothekar
355	3	1818		Steinhausen	
356	3	1818	Dr.	Strahl	Professor der neuern Sprachen
357	3	1818		Turwitt	*
358	3	1818	Dr.	van Calker	Professor der Philosophie o
359	3	1818	Dr.	von Schlegel A.W.	Professor der schönen Literatur u. Geschichte
360	3	1818		Waesemann	Bau-Inspector *
361	3	1818		Weber I. (Eduard)	Buchhändler
362	3	1818	Dr.	Wecklein	Bibliothecar später Domherr *
363	3	1818		Weerth II. (Jacob)	Fabricant
364	3	1818		Wessel	Fabrikant und Stadtrath
365	3	1818	Dr.	Windischmann I.	Medic. Rath u. Professor der Philos. u. Med. o
366	3	1818	Dr.	Wolff V (Heinrich)	Arzt
367	3	1819		Backenberg	Fabrikant
368	3	1819		Kneisel	Gymnasiallehrer
369	3	1819	Dr.	Nasse I.	Geheimer Medicinal-Rath und Professor der Medicin
370	3	1819		Roth	Canonicus †
371	3	1819		Wichterich	Steuer-Controleur *
372	3	1820	Dr.	Augusti	Consistorial-Director und Professor der evangel Theologie
373	3	1820		Bausch	Ober-Bergamts-Hauptrendant und Commerzienrath †
374	3	1820		Becher	
375	3	1820	Dr.	Bergmann	Universitätsrichter und Geheimer Regierungs-Rath *
376	3	1820	Dr.	Berndt	Professor und Bibliothekar
377	3	1820	Dr.	Burchardi	Professor der Rechte *
378	3	1820		Degen	Kaufmann und Stadtrath
379	3	1820		Delbrück	Professor der Beredsamkeit und neuern Literatur
380	3	1820	Dr.	Diesterweg I.	Professor der Mathematik o
381	3	1820	Dr.	Ennemoser	Professor der Medicin *
382	3	1820		Fabricius	Ober-Bergamts-Secretair

383	3	1820	Dr.	Freudenfeld	Professor *
384	3	1820		Fulda	Ober-Bergrath
385	3	1820		Gaedike	Stallmeister †
386	3	1820	Dr.	Gratz	Professor der katholischen Theologie später Domherr
387	3	1820		Hauptmann I.	Stadtrath
388	3	1820		Heck	Ober-Bergamts-Calculator †
389	3	1820	Dr.	Heinrich	Professor der classischen Litteratur
390	3	1820		Heusler	Ober-Bergrath und Bergamts-Director *
391	3	1820		Keller	Apotheker †
392	3	1820		Koch II.	Ober-Bergrath
393	3	1820		Koch III	Steuer-Rath
394	3	1820		Koschel	Ober-Bergamts-Kanzlei-Inspector o
395	3	1820	Dr.	Mackeldey	Geheimer Justiz-Rath und Professor der Rechte †
396	3	1820	Dr.	Mayer	Professor der Anatomie
397	3	1820		Mertens I.	Ober-Bergamts-Registrator o
398	3	1820	Dr.	Mittermaier	Professor der Rechte und Geheimer Hofrath *
399	3	1820		Necker	Postdirector
400	3	1820	Dr.	Radlof	Professor der Geschichte †
401	3	1820		Raters	Ober-Bergamts-Calculator *
402	3	1820		Schulz I.	Kaufmann †
403	3	1820		Schürmann	Ober-Bergamts-Controleur *
404	3	1820		Schwartz	Ober-Bergamts-Controleur *
405	3	1820		Senff	Bergrath *
406	3	1820	Dr.	Sturm	Professor der Landwirtschaft †
407	3	1820		von Bergheim	Privater †
408	3	1820	Frh.	von Boeselager	Privater
409	3	1820	Frh.	von Haxthausen	Privater o
410	3	1820		von Hymnen	Landrath
411	3	1820		von Paczensky	Ober-Bergrath o
412	3	1820		von Uphoff	Revierförster *
413	3	1820	Dr.	von Walther	Geheimer Medicinal-Rath u. Prof. der Med.u.Chir. *

414	3	1820		von Weichs-Glan	
415	3	1820		Weber II. (August)	Ober-Bergamts-Haupt-Rendant
416	3	1820	Dr.	Weber III. (Ignaz)	Professor der Medicin
417	3	1820	Dr.	Welcker I.	Professor der Archäologie und Ober-Bibliothecar
418	3	1820	Dr.	Welcker II.	Professor der Rechte *
419	3	1820		Wrede II	
420	3	1820		Wrede III.	Landwehr-Lieutenant später Stadtrath
421	3	1821	Dr.	Bohres	Buchdrucker *
422	3	1821		Cahn (Lambert)	Handelsmann
423	3	1821	Dr.	Dorow	*
424	3	1821		Eversmann I.	Staatsprocurator
425	3	1821		Gerhards	Kaufmann und Stadtrath
426	3	1821	Dr.	Hasse	Professor der Rechte † 1831
427	3	1821		Marx III. (Jacob)	Handelsmann †
428	3	1821	Dr.	Neiss	Arzt *
429	3	1821		Stein	Ober-Bergamts-Secretär *
430	3	1821	Frh.	von Romberg	Privater o
431	3	1822		Dreesen	Zollamts-Controleur o
432	3	1822	Dr.	Esser III.	Professor der Philosophie *
433	3	1822		Halm	Steueramts-Rendant †
434	3	1822		Hoffmann	Weinhändler
435	3	1822	Dr.	Nitzsch	Consistorialrath Professor der evangelischen Theologie o
436	3	1822		Schalter	Regimentsarzt *
437	3	1822	Dr.	Scholz	Professor der katholischen Theologie und Domherr
438	3	1822	Dr.	Schopen	Professor
439	3	1822		Simrock III. (Joseph)	Privater
440	3	1822		Thormann	Privater ehemals Buchdrucker o
441	3	1822		Tischbein	Maler *
442	3	1822	Dr.	von Droste-Hülshoff	Professor der Rechte † 1833
443	3	1822		von Wedelt	Major *
444	3	1823	Dr.	Breidenstein	Professor der Musik
445	3	1823		Delimon	Kaufmann o

446	3	1823	Dr.	Niebuhr	Geh. Staatsrath u. Mitglied der Berl. Acad. der Wiss. † 1831
447	3	1823		Oelbermann	Kaufmann
448	3	1823		Pfingsten II.	Domainen-Rentmeister o
449	3	1823	Dr.	Ritter	Professor der katholischen Theologie später Domherr *
450	3	1823		Simon	Notar *
451	3	1823		von Cler	Landwehr-Lieutenant und Ober-Bergamts-Beamter o
452	3	1824		Mülhens	Privater
453	3	1824	Dr.	Müller I. (Johannes)	Professor der Medicin *
454	3	1824		Ries II. (Ferdinand)	Tonkünstler *
455	3	1824	Dr.	Velten II.	Kreisphysicus
456	3	1825		Büschler	Buchhändler *
457	3	1825	Dr.	Hayn	Arzt und Privat-Docent *
458	3	1825		Jacobi	Präsident der Rheinschiffahrts-Commission †
459	3	1825		von Carnap	Gutsbesitzer o
460	3	1825		Zwanzig	Lieutenant †
461	3	1826		Forlivesi	
462	3	1826		Jung	Rentner
463	3	1826	Dr.	Nees von Esenbeck	Professor der Botanik *
464	3	1826		Ostler II.	Gutsbesitzer o
465	3	1826		Riegeler I.	Privater
466	3	1826		Riegeler II.	Privater †
467	3	1826	Frh.	von Dorth	Privater *
468	3	1826	Frh.	von Harff	Privater *
469	3	1826		Wolters	Friedensrichter
470	3	1827	Dr.	Diez	Professor der neuern Litteratur
471	3	1827		Inder	Kaufmann *
472	3	1827		Johaentgen	Gerichtsschreiber später Notar *
473	3	1827		Kauer	Bildhauer und Zeichnenlehrer *
474	3	1827		von Recklinghausen	Referendar später Advocat
475	3	1827	Dr.	von Riese	Professor der Mathematik o
476	3	1827		Zirkel	Gymnasiallehrer
477	3	1828		Abels	Rentner *
478	3	1828		Rindfleisch	Gymnasiallehrer später Pfarrer *

479	3	1828		Trimborn II.	Wundarzt und Geburtshelfer
480	3	1829	Dr.	Bethmann-Hollweg	Professor der Rechte o
481	3	1829	Dr.	Loebell	Professor der Geschichte o
482	3	1830		Becker III. (Joseph)	Gutsbesitzer
483	3	1830		Scheerer	Friedensrichter später Landgerichtsrath
484	3	1830		Schmitz III. (Joseph)	Gastwirtin
485	3	1830	Dr.	Smets	Pfarrer o
486	3	1831	Dr.	Bergemann	Professor der Chemie *
487	3	1831		Georgi	Buchdrucker
488	3	1831		Haast	Kaufmann und Stadtrath
489	3	1831		Leydel	Universität-Architect
490	3	1831		Martins	Ober-Bergrath
491	3	1831	Dr.	Nasse II.	Privat-Docent später Professor der Medicin *
492	3	1831		Thormann	
493	3	1831	Frh.	von Benckendorf	Major
494	3	1831	Frh.	von Fürstenberg	Kammerherr
495	3	1831		Weerth II. (Friedrich)	Privater
496	3	1831		Wiersberg	Landgerichts-Rath
497	3	1831	Dr.	Wutzer	Professor der Chirurgie und Augenheilkunde o
498	3	1832		Eilender II.	Notar
499	3	1832		Habicht	Buchhändler
500	3	1832		Mertens II.	Gutsbesitzer
501	3	1832		Müller II.	Steuer-Einnehmer o
502	3	1832	Dr.	Velten III.	Arzt
503	3	1832	Dr.	Vogelsang	Professor der katholischen Theologie
504	3	1832		Weber	
505	3	1832	Dr.	Wurzer II.	Arzt
506	3	1832	Dr.	Zartmann III.	Arzt
507	3	1833	Dr.	Albers	Professor der Medicin
508	3	1833		Alfter II.	Posthalter
509	3	1833	Dr.	Arndts	Professor der Rechte
510	3	1833		Bethmann-Hollweg	
511	3	1833	Dr.	Bischof (G)	Professor der Chemie
512	3	1833	Dr.	Bischoff (E)	Professor der Medicin o
513	3	1833	Dr.	Bleek	Professor der evangelischen Theologie

514	3	1833	Dr.	Böcking	Professor der Rechte
515	3	1833		Boese	Lieutenant†
516	3	1833	Dr.	Brandis	Professor der Philosophie *
517	3	1833		Breidenstein	
518	3	1833	Dr.	Carl Simrock IV	Privater
519	3	1833	Dr.	Deiters	Professor der Rechte
520	3	1833		Diesterweg I.	†
521	3	1833	Dr.	Ernsts	Arzt
522	3	1833	Dr.	Freytag	Professor der orientalischen Sprachen
523	3	1833		Fulda	
524	3	1833	Dr.	Goldfuss	Professor der Naturgeschichte o
525	3	1833		Hasskarl	Ober-Bergamts-Revisor o
526	3	1833		Hauptmann II.	Privater
527	3	1833		Henry	Kunsthändler
528	3	1833		Hermann	Kaufmann
529	3	1833	Dr.	Hüllmann	Geh. Reg. Rath und Professor der Geschichte
530	3	1833	Dr.	Kilian	Professor der Geburtshülfe
531	3	1833		Klatte	Universitäts-Stallmeister †
532	3	1833	Dr.	Klausen	Professor der Philologie
533	3	1833	Dr.	Klee	Professor der katholischen Theologie
534	3	1833	Dr.	Lassen	Professor der orientalischen Sprachen
535	3	1833		Loebell	
536	3	1833	Dr.	Maurenbrecher	Professor der Rechte
537	3	1833	Dr.	Mendelssohn	Professor der Geschichte und Geographie
538	3	1833		Möllhausen	Privater *
539	3	1833		Müller III.	Kreis-Einnehmer
540	3	1833		Nasse I.	
541	3	1833		Nitzsch	
542	3	1833		Noeggerath	
543	3	1833		Petazzi II. (Johann)	Weinhändler
544	3	1833	Dr.	Pugge	Professor der Rechte † 1836
545	3	1833	Dr.	Redepenning	Professor der evangelischen Theologie
546	3	1833		Reimen	Notar
547	3	1833	Dr.	Rheinwald	Professor *
548	3	1833		Sack	
549	3	1833		Sandol	Sprachlehrer

550	3	1833	Dr.	Schildt	Arzt
551	3	1833		Schmitz IV (J. Anton)	Kaufmann
552	3	1833	Dr.	Schulz II.	Geheimer Ober-Regierungs-Rath †
553	3	1833		Simrock V (P. Jos.)	Musikverleger
554	3	1833		Staedtmann	Rentner *
555	3	1833		Thiel	Rechnungsrath
556	3	1833	Dr.	Treviranus	Professor der Botanik
557	3	1833		van Calker	
558	3	1833	Frh.	von Haxthausen	
559	3	1833		von Oeynhausen	Ober-Bergrath
560	3	1833		von Riese	
561	3	1833		von Wurmb	Rittmeister o
562	3	1833		Wallraff	Kaufmann †
563	3	1833	Dr.	Walter	Professor der Rechte
564	3	1833		Windischmann I.	o
565	3	1833	Dr.	Windischmann II.	Privat-Docent später Professor der Medicin *
566	3	1833		Wutzer	
567	3	1834		Anneke	Ober-Bergamts-Secretär
568	3	1834		Avenarius	Ober-Bergamts-Secretär †
569	3	1834		Balbiano	
570	3	1834		Berndt	
571	3	1834	Dr.	Burkart I.	Ober-Bergamts-Secretär
572	3	1834		d'Anthoin II.	
573	3	1834		de Cler	
574	3	1834		Dernen II.	Kaufmann
575	3	1834		Domine	
576	3	1834		Ennemoser	*
577	3	1834		Eversmann II.	Rittmeister
578	3	1834	Dr.	Kalt	Arzt
579	3	1834		Kanne	
580	3	1834		Koch	o
581	3	1834		Koschel	o
582	3	1834		Kraemer	Mechanicus
583	3	1834		Laufenberg	
584	3	1834		Mehlem II. (Everh.)	Kaufmann
585	3	1834		Nagell	Rendant *
586	3	1834		Neusser II. (Joh.)	Buchdrucker
587	3	1834		Schmitz II	
588	3	1834	Dr.	Schramm	

589	3	1834	Sinning	Inspector des botanischen Gartens
590	3	1834	Stucke	Medicinal Assessor und Gutsbesitzer
591	3	1834	von Kurssel	Obrist-Lieutenant u. Regiments-Commandeur *
592	3	1834	von Paczensky	
593	3	1834	von Salomon	Landgerichtsrath und Universitätsrichter
594	3	1834	von Solms-Laubach	Major
595	3	1834	Weerth IV (August)	Privater
596	3	1835	Alfter III. (Jos)	Oeconom
597	3	1835	Bertel	Rentner
598	3	1835	Dr.	d'Alton	Professor der schönen Künste
599	3	1835	Hohe	Universitäts-Zeichnenlehrer
600	3	1835	Jaeger	Hüttenbesitzer
601	3	1835	König I.	Land-Bau-Inspector
602	3	1835	Dr.	Naumann	Professor der Medicin
603	3	1835	Pröbsting	Kaufmann
604	3	1835	Stahl	Rentner
605	3	1836	Dr.	Elshoff	Gymnasial-Oberlehren
606	3	1836	Koenig II.	Buchhändler
607	3	1836	Dr.	Nicolovius	Professor der Rechte
608	3	1836	Spohr	Steuer -Controleur
609	3	1836	van der Emden	Architect
610	3	1836	van Wahnen	Oberpfarrer und Dechant
611	3	1836	von Flotow	Obrist-Lieutenant und Regiments-Commandeur
612	3	1837	Dr.	Achterfeld	Professor der katholischen Theologie
613	3	1837	Dr.	Argelander	Professor der Astronomie
614	3	1837	Burkart II. (Friedr)	Kaufmann
615	3	1837	Diesterweg II.	Friedensrichter
616	3	1837	Dr.	Fichte	Professor der Philosophie
617	3	1837	Dr.	Gaertner	Professor der Rechte
618	3	1837	Mengelberg	Apotheker
619	3	1837	Se. Durchlaucht Albert	Prinz von Sachsen-Coburg-Gotha
620	3	1837	Se. Durchlaucht Ernst	Erbprinz von Sachsen-Coburg-Gotha

621	3	1837	Se. Königl. Ho-heit Friedrich Wilhelm	Erbgrossherzog von Mecklenburg-Strelitz
622	3	1837	Seligmann (Sa-lomon)	Privater
623	3	1837	Wenborne	Vorsteher eines Erzie-hungsinstituts

Literaturverzeichnis

Flörken, N. (2017). *Die französischen Jahre in Bonn 1794-1814. Ein Lesebuch, 2. Auflage*. Bonn: Kid Verlag.

Kneisel, C. M. (1837). *Geschichtliche Nachrichten von der Lese- und Erholungs-Gesellschaft in Bonn 1787-1837*. Bonn: Georgi.

Index

73

74

L

M